商学研究叢書 1

# 地方税の安定性

石田和之
Ishida Kazuyuki

*Stability of Local Tax Revenue*

成文堂

# はしがき

　本書は，税収の安定性の視点から日本の地方税制度を検証している。地方税の税収に安定性があるのかどうか，地方税の制度が税収を安定的に確保する仕組みになっているのかどうかが関心の的である。税収の安定性の観点から地方税制の沿革を整理し，実証的な分析によって地方税制度の機能を検証することで，これらの関心に応えようとする。地方税における安定的な税収の確保は，近年の地方税改革論の中心的な話題であり，シャウプ勧告によって現在の地方税の制度が始まって以来，常に議論され続けてきた課題でもある。税収の安定性を向上させることは，地方税制度の重要課題である。

　税収の安定性を検証するための方法として，本書は税収の所得弾力性を用いる。税収の所得弾力性の尺度を使って安定性を測る方法は，これまでにも多くの先行研究で行われている。本書の方法の特徴は，税収の所得弾力性を短期と長期に分け，短期の所得弾力性を安定性の尺度にすることにある。この方法の利点として，本書は税収の安定性と伸張性の関係も分析する。

　地方税収の安定性に関する定説は，所得課税である住民税や事業税は税収の安定性が低い（逆に，伸張性が高い）が，資産保有課税である固定資産税は安定性が高い（逆に，伸張性が低い）とする。これに対して，本書の分析は，法人住民税や法人事業税は安定性も伸張性も低く，固定資産税は安定性も伸張性も高いことを示す。また，法人課税は安定性と伸張性の間にトレード・オフの関係があるが，固定資産税にはトレード・オフの関係がないことも示す。このような結論を得た理由は，本書が採用した税収の安定性の推計方法にある。

　税収の安定性そのものを検証することに加えて，本書は，税収の安定性に関連する地方税制度の論点のいくつかに取り組む。第1は，「国税からの影響遮断」の議論である。地方税で国税からの影響遮断が本格的に議論され始めたのはおよそ50年以上も前である。しかしながら，この問題は今に至るまで解決されておらず，むしろ日本の地方税制度が構造的に抱える問題とい

える．第2は，固定資産税の負担調整措置を取り上げ，これを税収の安定性の観点から分析する．ここでは，土地の固定資産税の実効税率を引き上げた要因が地価の下落であることと負担調整措置が税収を安定的にしていることを示す．第3は，固定資産税の課税標準の選択論である．固定資産税の課税標準は資本価格と賃貸価格のどちらが望ましいかという議論に対して，本書は資本価格が望ましいことを述べる．

　本書は，2013年に早稲田大学大学院商学研究科に提出した博士（商学）学位請求論文（『地方税の安定性に関する分析』）の内容を著書としてまとめ直したものである．学位請求論文は筆者が書き溜めてきたものを使っており，更にそれを書き直して本書としている．そのため原型をほとんど留めていないような場合が多いが，基になる文献のリストを参考文献に挙げている．

　学位審査を経て，研究の成果を一冊の本として世に出すまでにお世話になった先生は，横田信武先生（早稲田大学商学学術院教授），大森郁夫先生（早稲田大学商学学術院教授），横山将義先生（早稲田大学商学学術院教授），篠原正博先生（中央大学経済学部教授）である．横田信武先生は，私の指導教員であり，恩師である．

　なお，本書の基礎となる研究は，以下の資金援助を受けている．

1) 全国銀行学術振興財団2008年度学術研究助成「宅地に係る固定資産税の実効税率を変化させる要因についての実証分析」
2) 公益財団法人租税資料館平成21年度外国税法等調査研究助成
3) 科学研究費助成事業（学術研究助成基金助成金）基盤研究(c)（研究代表者）課題番号24530352「地方基幹税の安定性に関する実証的研究」

石田　和之

徳島大学大学院ソシオ・アーツ・アンド・サイエンス研究部

# 目　次

はしがき ……………………………………………………………………… *i*

## 第1章　「望ましい地方税」の考え方と地方税の安定性 …… *1*

- **1**　本書の問題意識と概要 ………………………………………… *1*
- **2**　日本の地方税制度の特徴 ……………………………………… *5*
  - 2-1　地方税の現状 ……………………………………………… *5*
  - 2-2　地方税制度の枠組み ……………………………………… *7*
- **3**　地方税原則の議論 …………………………………………… *12*

## 第2章　地方税収の安定性と伸張性 ……………………… *20*

- **1**　はじめに ……………………………………………………… *20*
  - 1-1　本章の目的 ……………………………………………… *20*
  - 1-2　地方税とGDPの動向 …………………………………… *21*
- **2**　地方税の安定性をめぐる議論 ……………………………… *24*
  - 2-1　税収の安定性の捉え方 ………………………………… *24*
  - 2-2　税収の変動性の尺度 …………………………………… *27*
- **3**　方法とデータ ………………………………………………… *32*
  - 3-1　方　法 …………………………………………………… *32*
  - 3-2　データ …………………………………………………… *35*
- **4**　推計結果 ……………………………………………………… *36*
- **5**　考　察 ………………………………………………………… *40*
- **6**　おわりに ……………………………………………………… *44*

## 第3章　地方税の安定性と伸張性の関係　　46

### 1　はじめに　　46
  1-1　本章の目的　　46
  1-2　税収の安定性と伸張性の関係の考え方　　47
### 2　方法とデータ　　50
### 3　推計結果　　53
  3-1　個別税目の安定性と伸張性の関係　　53
  3-2　地方税体系の安定性と伸張性の関係　　56
### 4　考　察　　56
### 5　おわりに　　62


## 第4章　国税からの影響遮断：住民税と所得税・法人税の関係　　64

### 1　はじめに　　64
  1-1　本章の目的　　64
  1-2　住民税，所得税，法人税の動向　　67
### 2　個人住民税における「国税からの影響遮断」　　70
  2-1　個人住民税の基本的な考え方　　70
  2-2　所得税からの影響遮断　　73
  2-3　課税最低限　　75
  2-4　非課税限度額制度　　78
### 3　法人住民税における「国税からの影響遮断」　　81
  3-1　法人住民税の基本的な考え方　　81
  3-2　法人税額の調整　　83
  3-3　法人税割の税率の調整　　86
### 4　グレンジャー因果性テストによる検証　　91
  4-1　方法とデータ　　91
  4-2　検証の結果　　96

| 5 | 考　察 ································································· *97* |
| 6 | おわりに ····························································· *99* |

## 第5章　固定資産税の負担調整措置と税収の安定性 ········ *101*

| 1 | はじめに ····························································· *101* |
|　　1-1　本章の目的 ························································ *101*
|　　1-2　固定資産税の仕組み ············································ *103*
| 2 | 固定資産税の負担調整措置 ····································· *106*
|　　2-1　旧負担調整措置──税負担の激変緩和── ················ *106*
|　　2-2　新たな負担調整措置──7割評価と負担水準── ········ *109*
|　　2-3　評価額と課税標準額の乖離と負担水準の均衡化 ········ *112*
| 3 | 宅地の固定資産税の実効税率 ································· *117*
|　　3-1　固定資産税の実効税率 ········································ *117*
|　　3-2　分析の方法 ························································ *121*
|　　3-3　結果①：実効税率の変化の要因 ···························· *124*
|　　3-4　結果②：税収の安定性 ········································ *128*
| 4 | 考　察 ································································· *130*
| 5 | おわりに ····························································· *132*

## 第6章　固定資産税の安定性と課税標準の選択 ············· *134*

| 1 | はじめに ····························································· *134*
| 2 | 固定資産税における課税標準の選択 ························ *136*
|　　2-1　資産保有税における課税標準の選択論 ···················· *136*
|　　2-2　固定資産税の性格をめぐる議論 ···························· *141*
|　　2-3　固定資産税における資本価格の意味 ······················ *144*

### ③ 固定資産税と香港レイトの比較分析 …………………… *147*
　3-1　香港レイトの概要 ……………………………………… *147*
　3-2　香港レイトと固定資産税の制度比較 ……………… *150*
　3-3　課税標準の安定性 ……………………………………… *154*
### ④ 考　察 …………………………………………………………… *156*
### ⑤ おわりに ………………………………………………………… *158*

参考文献 …………………………………………………………… *160*
索　引 ……………………………………………………………… *167*

# 第1章
# 「望ましい地方税」の考え方と地方税の安定性

## １ 本書の問題意識と概要

　本書は，望ましい地方税のあり方に取り組む研究として，日本の地方税制度を税収の安定性の観点から検証する。地方税制度が税制として望ましいものであるために満たすべき条件は，地方税原則と呼ばれる。日本の地方税原則は，7つの条件を求めている。そのひとつが税収の安定性である。現在受け入れられているような姿で地方税原則がまとめられたのは1950年代の議論にさかのぼる。それから約60年の歳月を経て地方行財政を取り巻く環境が大きく変化した今日においても，望ましい地方税制度の姿を示す地方税原則の価値はまったく色あせていない。むしろ，その価値は高まっているとさえいえる。分権型社会で真に地方自治の精神を実現し，自主・自立的な地方行財政運営を実現するためには，地方団体の財源基盤の充実が大切である。地方団体の財源の中心は地方税である。したがって，地方税の安定性は，分権型地方行財政の仕組みを構築するためのもっとも重要な課題である。

　Lutz(2008)にならって税収の変化の要因を2つに分けると，第1に所得や消費といった課税ベースの変化などの経済的な要因，第2に課税ベースの計算の仕方や税率の変更などの制度的な要因を挙げることができる[1]。本書は，後者の制度的な要因に関心の重きを置く。税制は，経済環境の変化に合わせてあるべき姿に税制を近づけるといった税本来の観点だけではなく，景気対策，産業政策，住宅政策などの政策的な理由からも改正される。地方税の制度が税収を安定的に確保できるように設計されているかが本書の問題意識で

---

1　Lutz(2008)は，アメリカ財産税の分析で税収の変化の要因をmechanical changeとpolicy offsetに分けている(558ページ)。ここでは，2つに分けるという考え方のみを借りている。

ある。

　日本の租税の体系は国税と地方税から成る。国税も地方税も税であることに変わりはない。したがって，税としての基本的な性格など，国税と地方税には多くの共通点がある。それでも，国税と地方税は異なる。国税と地方税の違いを踏まえて地方税に特有の性格に配慮した分析を行うには，税収の安定性からのアプローチが有効である。税収の安定性は，国税よりも，地方税に求められる機能である。

　個人や企業を取り巻く経済環境を地方団体がコントロールすることには限界がある。もちろん，地域活性化や雇用の確保として，地方団体がこれらに類する課題に取り組むことがないわけではない。しかしながら，国の経済対策や成長戦略のようなわけにはいかない。国と地方団体は，財政規模や権限が異なる。地方団体のできることは限りがある。この意味では，地方団体は受け身ともいえる。したがって，地方団体が安定的に税収を確保するためには，安定的に税収を確保できるような地方税制度の設計が重要である。本書は，このような問題意識から地方税の安定性をテーマとして掲げ，税収の安定的な確保の観点から地方税の制度を検証している。

　本書は，全6章から構成される。第1章は，日本の地方税の制度的特徴と地方税原則の成立を説明し，税収の安定性の観点から地方税制度を分析することの意義を述べる。第1章は，石田（2013a）を使っている。

　第2章は，Sobel and Holcombe（1996）の考え方を用いて，税収の安定性と伸張性の有無を確認する。Sobel and Holcombe（1996）は税収の安定性と伸張性を異なる尺度で捉えるべきだと考えて，安定性を税収の短期的所得弾力性，伸張性を税収の長期的所得弾力性で測っている。具体的には，税収の短期的所得弾力性を変化モデルと誤差修正モデルで推計する。通常の時系列モデル（水準モデル）は，税収の長期的所得弾力性の推計に用いる。このように税収の所得弾力性を短期と長期に分けることは，単なる尺度の選択の問題を超えた重要な意味をもつ。つまり，税収の安定性と伸張性の関係をどのように捉えるかという思想に関わるのである。税収の所得弾力性を短期と長期に区別しない場合，両者を同じ尺度で測ることが多い。税収の安定性と伸張性に同じ尺度を使うと，必然的に，安定性と伸張性の間にトレード・オフの関

係が生じる。税収の安定性と伸張性がトレード・オフの関係にあることを前提とするならば，望ましい地方税制は安定性と伸張性のどちらを優先するべきかという議論が避けられない。一方，税収の安定性と伸張性のトレード・オフを前提としなければ，たとえ両者のトレード・オフが確認されたとしても，将来的に望ましい地方税制は税収の安定性と伸張性の両方を追求するべきであるとして議論を展開できる。多くの先行研究は，通常の時系列モデルで税収の所得弾力性を推計し税収の安定性を議論してきた。この方法を本書の考え方で捉えれば，税収の長期的所得弾力性によって安定性を判断していることになる。それに対して本書は，税収の短期的所得弾力性を使って安定性を測る。第2章は，石田(2007d, 2010a)，Ishida(2011)を使っている。

　第3章は，Holcobme and Sobel (1997)の考え方にならって短期と長期の税収の所得弾力性を推計し，これらの相関係数で税収の安定性と伸張性の関係を確認する。第3章は，石田(2011a)，Ishida(2013)を使っている。

　第4章は，国税制度の改正による地方税収の変化が税収の安定性を損なわせるという議論，いわゆる地方税制度における「国税からの影響遮断」の議論を取り上げる。ここでは，所得税から個人住民税，法人税から法人住民税への影響を検証する。住民税の収入の主体は，制度上，個人の所得割と法人の法人税割におかれている。所得割と法人税割は，それぞれ国税である所得税と法人税の仕組みを利用して税額を計算している。言い換えれば，住民税は課税所得の計算を所得税や法人税に任せていることになる。もちろん，いずれも税のための所得の計算であり，国税であろうと地方税であろうと同じような計算の仕方になることは自然である。また，納税者の便宜からしても，国税と地方税で課税所得の計算方法が異なるのは煩雑である。しかしながら，国税の仕組みに依拠して地方税を計算することは，国税の影響が直接地方税に及ぶことを意味する。所得税や法人税の改正には，国の政策税制として実施されるものがある。国税からの影響遮断の議論は，このような国の政策税制による地方税収の不安定(減少)を回避しようとする考えである。個人住民税と所得税，法人住民税と法人税の間には，このような影響遮断の考え方を反映した制度上の相違がある。第4章は，この相違が国税からの影響遮断として機能を果たしているかどうかをグレンジャーの因果性テストによって検

証する。第4章は，石田（2011b, 2011c, 2012a, 2012b, 2013b）などを使っている。

第5章は，固定資産税の負担調整措置を税収の安定性の観点から検証する。1994年度の宅地の7割評価に対処するために，固定資産税は1997年度から新たな負担調整措置を講じている。新たな負担調整措置は，税負担の激変（急上昇）を緩和し，負担水準の均衡化を通じて税負担の公平を確保しようとするものである。しかしながら，この負担調整措置は納税者からの評判が悪い。ちょうど地価が下落する時期に重なって導入されたこともあり，「なぜ地価が下がっているのに固定資産税が上がるのか」といった批判と不満の対象になってしまった。確かに，たとえ地価（市場価格）が下がったとしても，課税標準額が上がると固定資産税額は上昇する。ここでは，固定資産税の負担を実効税率で表し，実効税率の変化が地価と税支払額の変化の相対的な関係によって決まることを説明する。さらに，負担調整措置による税負担の激変緩和が税収を安定的にしていることも示す。第5章は，石田（2007a, 2008, 2009a, 2009b, 2009c, 2010a）などを使っている。

第6章も固定資産税を取り上げ，課税標準の選択論に税収の安定性の観点から接近する。課税標準の選択論は，固定資産税の伝統的な論点である。先行研究は，課税標準として資本価格を是とするものや賃貸価格を是とするものなどそれぞれであり，明確なコンセンサスに至っていない。ここでは，固定資産税が資本価格を課税標準とすることに制度的な整合性があることやこのような制度的な整合性は税収の安定性を重視することとも調和していることを述べる。さらに，賃貸価格を課税標準とする香港レイトとの制度比較を行ない，望ましい課税標準が賃貸価格であることもあり得ることを示す。第6章は，石田和之（2007b, 2007c, 2010b, 2010c, 2010d, 2010e, 2011d）などを使っている。

## 2 日本の地方税制度の特徴

### 2-1 地方税の現状

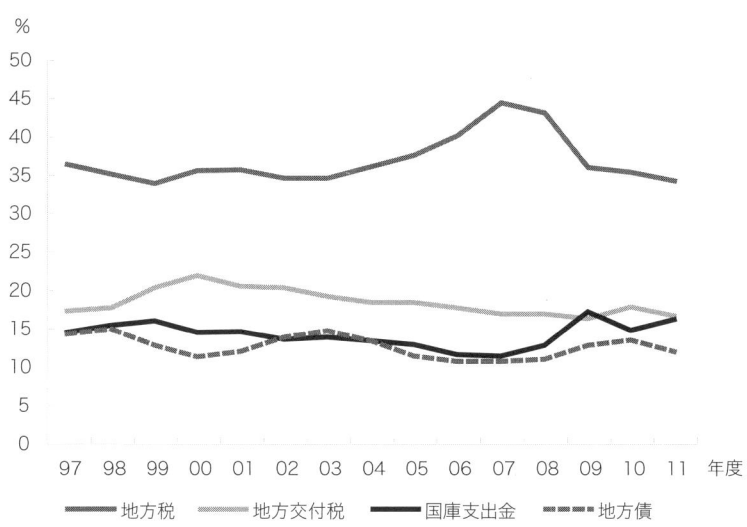

(出所）総務省『地方財政統計年報』（各年度版）により作成。
**図1-1 地方団体の歳入構造の推移**

　地方団体の収入は，地方税，地方交付税，国庫支出金，地方債などから構成される。これらのうちで構成割合がもっとも大きい財源が地方税である。図1-1は，主な財源の構成割合によって，1997年度以降の地方団体の歳入構造の推移を示している。地方税は平均36.1％であり，常にもっとも高い割合を占めている。他の財源をみると，地方交付税は平均17.8％，国庫支出金は平均14.1％，地方債は平均13.0％である。地方団体の全体を通じた平均的な姿として，歳入の中心が地方税にあることを確認できる。しかし，図1-1からはわからないが，地方税よりも地方交付税が多い地方団体が数多く存在する。今以上に地方税を充実させることが必要である。

6　第1章 「望ましい地方税」の考え方と地方税の安定性

　図1-1からは地方税収の変化も確認できる。1997年度の地方税の割合は35.2%である。この割合はその後上昇し，2007年度にピークの44.2%になる。このピークは，所得税から個人住民税への税源移譲の効果である。しかし，2011年度には34.1%まで低下しており，これは1997年度よりも低い。せっかくの税源移譲の効果が数年で消えたようにみえる。図1-1からは，他の税収の減少が個人住民税の増収を相殺したことがうかがえる。

　図1-2は，それぞれ道府県市町村税の合計に占める割合によって，1997年度以降の主な地方税の構成割合の推移を示している。道府県税では，道府県民税が平均29.3%，事業税が平均27.5%，地方消費税が平均15.9%であり，合計72.7%である。市町村税では，市町村民税が平均42.9%，固定資産税が平均44.1%であり，合計87.0%である。道府県税でも市町村税でも，高い割合で特定の税目に税収を依存していることがわかる。特定の税への依存は市町村税で一層大きい。道府県民税は2007年度に24.4%から33.3%へと上昇し，その後も高い割合を維持している。2011年度の割合は39.2%であり，1997年度に比べて10%ポイントの上昇である。一方，市町村民税は，道府県民税

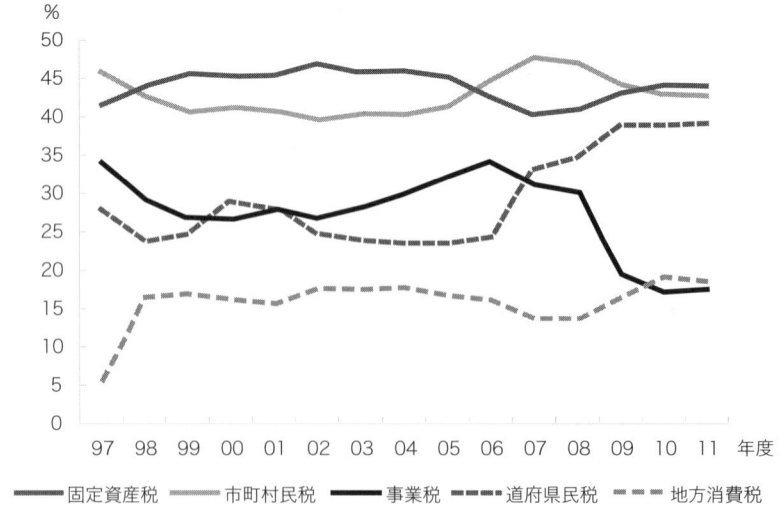

（出所）総務省『平成25年度地方税に関する参考計数資料』により作成。

**図1-2　主な地方税収の構成割合の推移**

のような変化はみせていない。税源移譲の時期に若干割合が増えているが，2011年度の割合は42.7％であり，これは1997年度よりも低い。事業税は2006年度の34.2％をピークに，2011年度には17.5％まで低下している。1997年度と比べると16.6％ポイントの低下であり，これは地方消費税よりも低い。2009年度における事業税の大幅な低下は，地方法人特別税・譲与税の創設による。固定資産税は1997年度の41.6％から2002年度の46.8％まで上昇した後，2007年度に40.4％まで低下している。その後上昇し，2011年度には44.0％まで回復している。1997年度には新たな負担調整措置が導入されている。

　図1-2は，これらの5つの税目が地方税の税収確保の中心であることを示している。道府県税で7割強，市町村税で8割弱の税収の源がここにある。また，税目ごとに税収の変化の仕方が違うことも示している。税収の変化の仕方に差があることは税収の安定性に違いがあることを示唆している。

## 2-2　地方税制度の枠組み

　地方税の課税主体は地方団体である。憲法は，「国民は，法律の定めるところにより，納税の義務を負う。」（憲法第30条）として国民の納税義務を定め，「あらたに租税を課し，又は現行の租税を変更するには，法律又は法律の定める条件によることを必要とする。」（憲法第84条）として租税法律主義を述べる。これらは地方団体の課税権を直接定めるものではない。しかし，通説は地方団体の課税権の由来をここに求めている。

　地方団体の課税権を直接定めるのは地方税法である。地方税法は，「地方団体は，この法律の定めるところによって，地方税を賦課徴収することができる。」（地方税法第2条）としている。この定めによって初めて地方団体が課税権を有することになると解するのが通説である。この考え方は，地方団体の課税権は国から与えられたものであり地方団体に固有の権限ではないことを意味し，伝来説と呼ばれる[2]。

---

2　伝来説に対立する考え方は，固有説と呼ばれる。固有説では，地方団体の課税権は，国から与えられたものではなく，地方団体に固有のものとされる。

地方税法は，地方団体の課税権の法的根拠である。しかしながら，地方税法の定めだけで地方団体が課税権を行使できるわけではない。地方団体が課税権を行使するためには，条例が必要である。地方税法はこれを「地方団体は，その地方税の税目，課税客体，課税標準，税率その他賦課徴収について定をするには，当該地方団体の条例によらなければならない。」（地方税法第3条）と述べる。このようにして地方団体が条例によって地方税を課すことは，地方税条例主義と呼ばれている[3]。

　地方税法の性格は，「地方税法は，地方団体の課税権の行使の方法を規定する法律，すなわち，国税と地方税を適正に配分し，国民の地方税負担の全国的な均衡を図り，及び各地方団体間における地方税の課税権の調整を図るための法律である。したがって，地方税法は，地方税の種類，課税客体，納税義務者，課税標準，税率，徴収の方法，罰則等を規定しているが，罰則等の特定の規定を除いては，地方団体を拘束するものであって，地方団体の住民を拘束するものではないのである。」[4]と理解されている。これは，「地方税法は，地方団体が条例を制定する際一定の制限枠をかぶせる法律である」[5]，あるいは「地方税法は枠法である」[6]と言い換えられる。地方団体の側からいえば，国が定めた地方税法の枠の範囲内で条例を定め，その条例を根拠として課税権を行使することになる[7]。これも伝来説の考え方である[8]。

　地方税法の位置付けは地方税の安定性の議論にとって重要である。2013年3月，最高裁判所は地方税法の趣旨に反することを理由にして，神奈川県の臨時特例企業税（法定外普通税）を違法・無効と判断した。この判決には，地

---

[3] 租税法律主義（憲法第84条）と地方税条例主義（地方税法第3条）の関係は，両者を矛盾しないとするのが通説である。
[4] 中西他（1973）20ページ。
[5] 地方税法総則研究会編（1996）28ページ。
[6] 地方税法総則研究会編（1996）27ページ。
[7] 近年，参加型税制などの考え方が示されることがあり，地方自治への住民参加が重視されている。しかしながら，地方団体の課税権は，住民ではなく，あくまでも国が地方団体に与えたものである。
[8] 地方自治（とくに，団体自治）もまた国から地方に賦与されたと考えて，伝来説を支持するのが通説である。日本の地方行財政は，課税権の行使も含めて，国から与えられた地方自治の範囲内で運営されている。

方団体が行使できる課税自主権が地方税法の範囲内に限られることを改めて確認したという意義がある。地方分権によって課税自主権を拡大したといっても，現在の制度は地方税法の趣旨に反するような新税創設までは認めていないのである。新税創設だけではない。地方税法は，超過課税や不均一課税などの方法による地方団体の独自課税も認めているが，ここでも地方税法の趣旨を超えることは許されていない。地方税法の枠を超える税条例を設けることは条例による地方税法の上書きと呼ばれる。現在の地方税制度は，条例による地方税法の上書きを認めていないのである。

　枠法である地方税法は，地方団体に利用させる税目を具体的に挙げている。その上で地方税法は，標準的な行政サービスの提供に要する財源をこれらの法定税で賄うことを想定している。この法定税の中心は，道府県民税，事業税，地方消費税，市町村民税，固定資産税である。

　道府県民税と市町村民税は，合わせて住民税と呼ばれる。道府県民税のみに利子割，配当割，株式等譲渡所得割がある。住民税の基本的な構成要素は，均等割(個人，法人)，所得割，法人税割である。道府県民税と市町村民税の税率は異なるが，その他は両税で同じである。所得割が国税の所得税に，法人税割が国税の法人税に対応し，課税所得の計算で国税の仕組みを利用している。これらは地方税における所得課税の役割を果たしている。「収入の主体」[9]は所得割に置かれており，道府県民税所得割は道府県税の31.4％，市町村民税所得割は市町村税の31.9％を占める(いずれも，2011年度決算額。以下，同じ)。法人税割は「個人に課される所得割に対応するもの」[10]とされるがここから獲得する税収は少なく，道府県民税法人税割は4.6％，市町村民税法人税割は4.8％である。均等割は，収入の確保ではなく，負担分任の精神を顕現し広く薄く住民に負担を求めることを目的に設けられている。したがって，税収も少なく，道府県民税の個人均等割が0.6％，法人均等割が1.1％，市町村民税の個人均等割が0.9％，法人均等割が2.0％である。この負担分任の精神は，国税にはない，地方税に特有の考え方である。

---

9　(財)地方財務協会(2008)391ページ。
10　(財)地方財務協会(2008)391ページ。

事業税は,「物税として観念」[11]され,事業活動に担税力を見出して課する税とされている。日本の地方税制で「物税として観念する」ことは,単に物に着目した税であるというだけでなく,所得税や法人税の課税所得の計算で損金算入を認めることを意味する。事業活動に着目して税負担を求めるのが事業税の趣旨であり,そのために事業活動からの受益者に実質的な税負担を帰着させるのである。つまり,あたかも商品やサービスの生産に必要なコストのようにして事業税を経理させ,税負担を消費者に転嫁させようとしているのである。税収規模は,個人事業税が1.3%,法人事業税が16.2%である。これは,道府県民税法人税割よりも大きい。都道府県における法人課税の実質的な主体は,道府県民税法人税割ではなく,事業税である。2004年に外形標準課税が導入され,法人事業税の一部は付加価値割と資本割によって計算されている。2008年からは,法人事業税所得割の一部が地方法人特別税に移譲されている。これらは,応益税という事業税の性格を踏まえた税収の普遍性（税源の偏在性）の観点からの変更である。

人税として道府県税に道府県民税,市町村税に市町村民税が配置され,物税として道府県税に事業税が置かれている。事業税に対応する市町村税の物税が固定資産税である。固定資産税は,土地,家屋,償却資産といった固定資産を課税対象にする資産保有税である。物税としての性格は,「固定資産の資産価値に着目し,その資産を所有することに担税力を見いだして課せられる物税」[12]として説明される。したがって,事業税と同様に,（事業に関係する部分のみであるが,）その税額は所得税や法人税の必要経費や損金として算入される。市町村税に占める税収規模は,土地の固定資産税が16.9%,家屋の固定資産税が19.0%,償却資産の固定資産税が7.7%である[13]。

道府県税と市町村税を比較すると,事業税を有する道府県税で法人課税への依存が高い。一般に,法人課税は税収の安定性が低いとされる。したがっ

---

11 （財）地方財務協会(2008)217ページ。
12 （財）地方財務協会(2008)465ページ。
13 その他,固定資産税と同じ性格の税として国有資産等所在市町村交付金があり(2007年度までは納付金も存在した),これを固定資産税に含めることがある。施設が所在する市町村にとっては有力な財源として認識されているが,固定資産税の全体からみればその規模は小さい(0.5%,2011年度決算額)。

て，税収の安定的な確保はとりわけ都道府県にとって重要な課題といえる。

物税として観念される事業税と固定資産税の課税根拠は，ともに応益負担の考え方である。2007年からは，三位一体改革における税源移譲によって，個人住民税の所得割税率が比例税率化されている。これも，個人住民税の応益性の明確化として説明される。全体として，日本の地方税制度は応益性を重視している。

応益性を重視するとはいえ，これらの税は普通税である。あらかじめ税収の使途が定められる目的税ではない。また，地方税法は恒久法として，毎年度，地方団体に税収を与える。地方団体にしてみれば，毎年度の財政需要の大きさに応じて税収額を見積もるのではなく，またその使途とも関係なく地方税法が与える課税権によって恒久的に一定の税収を確保できることになる。したがって，通常，地方団体の予算編成における税収の見積もりは，必要な経費との兼ね合いではなく景気の変化などを踏まえた単なる税収予測として行われている。

時限法ではなく恒久法によって税収を保障する仕組みを設けるのは，税収の安定的な確保にとって便宜だからである。その反面，毎年度の必要額に応じて税収額をコントロールすることは困難である。もちろん地方団体は，地方税法が認める裁量の範囲内で課税自主権を行使し，超過課税を採用したり法定外税として新税を創設するなどの方法で税収を調整できる。しかしながら実際には，地方団体がこのようにして課税自主権を行使することは多くない。必要額に応じて税収を調整するために毎年度，税条例を改正するという地方団体も存在しない。日本の地方行財政はそのような方法に住民が馴染んでおらず，現実的でもない。したがって，多くの地方団体は地方税法の定める仕組みをそのまま利用している。その結果，実際に地方団体が採用する税の仕組みには全国的にほとんど差がない[14]。

---

14 アメリカ財産税の仕組みと比較すると，これらの特徴は顕著である。

## 3 地方税原則の議論

望ましい税制のために考慮すべき条件は租税原則と呼ばれ，公平，中立，簡素の3原則が知られている。日本ではこれに加えて，国税と地方税の違いを踏まえた地方税に特有の条件として，地方税原則が議論されてきた。現在，これは普遍性，安定性，伸張性，伸縮性，負担分任性，応益性，自主性の7つの要件が知られている。ここでは地方税原則の議論を整理して，税収の安定性の意味を確認する。

表1-1　荻田（1951）『地方財政制度』の地方税原則

1　財政収入からみた原則
　（1）地方財政を賄うに充分の収入を得られること。
　（2）各地方団体に収入が普遍的に存すること。
　（3）年度間の収入に激変がなく安定していること。
　（4）収入が地方団体の発展に応じて伸びてゆくこと。
　（5）収入が物価の変動に応じて増減すること。
　（6）収入が年度間を通じて平均すること。
　（7）地方団体の意志によって収入を加減し得ること。
2　住民負担からみた原則
　（1）応益原則が加味されていること。
　（2）負担と地方団体の行う施設との間に関連性のあること。
　（3）負担の衡平が保たれていること。
　（4）全住民が広く地方税を負担すること。
3　地方自治からみた原則
　（1）自主性のあること。
　（2）地方税について住民の批判が行き届き得ること。
4　税務行政からみた原則
　（1）徴税が簡単で，経費が少なくて済むこと。

（出所）荻田（1951）88－90ページにより作成。

表1-1は，もっとも古い地方税原則の議論として荻田（1951）の地方税原

則を示している。荻田(1951)は,「地方税について特に重要視すべき原則」[15]として4つの大原則と14の小原則で地方税原則を構成している。税収の安定性は,第1の大原則「財政収入からみた原則」に含まれている。ここでは,税収の安定性が地方税原則として重要であることの意味を「地方税収入が,年度毎に著しい変動のあることは適当でない。これは,地方団体の財政の規模が小さいので,税収入が安定しないことは大きな支障となるからである。従って,この意味では,市町村民税よりも固定資産税の方に安定性はあるし,純益を標準とする事業税よりも,外形標準的な附加価値税に安定性はある。」[16]と説明している。1951年は昭和の合併前であり,約1万の市町村が存在していた。また,地方税制度も落ち着いておらず,地方財政を取り巻く環境は現在と大きく異なる。しかしながら,望ましい地方税のために税収の安定性が必要であることに変わりはないのである。財政規模が小さいから税収の安定性が必要であるという荻田(1951)の考え方は,現在でもそのまま受け継がれている。

**表1-2　自治省(1958)『地方税制の現状とその運営の実態』の地方税原則**

| |
|---|
| 1　地方税の原則 |
| 　1)収入が充分なものであり,且つ,普遍性があること |
| 　2)収入に安定性があること |
| 　3)収入に伸張性があること |
| 　4)収入に伸縮性があること |
| 　5)負担分任性があること |
| 　6)地方団体の行政又は施設と関連性があること |
| 2　地方税の自主性 |

(出所)自治省(1958)2-3ページにより作成。

表1-2は,自治省(1958)による地方税原則である。表1-1の荻田(1951)の地方税原則に比べると,全体的に簡素化されている。しかし,税収の安定性を重視することは変わらない。ここでは,地方税原則の趣旨を「地方税も

---

15　荻田(1951)88ページ。
16　荻田(1951)94ページ。

**表1-3　日本租税研究協会税制研究会(1961)の地方税原則**

1　地方財政需要からみて
　　(1)普遍性　(2)伸張性　(3)安定性　(4)伸縮性
2　住民負担の均衡からみて
　　(1)応益性　(2)負担の公平性
3　国民経済との関係からみて
4　地方自治からみて
　　(1)自主性　(2)負担の分任性
5　税務行政からみて
　　明確性・便宜性・節約性

(出所)日本租税研究協会(1961)183 − 185ページにより作成。

**表1-4　『税制調査会答申』(1961)の地方税原則**

1　住民負担のあり方に関する要件
　　(イ)応益性　(ロ)負担分任性　(ハ)公平性
2　財政収入としてのあり方に関する要件
　　(イ)伸長性　(ロ)地域的普遍性　(ハ)安定性
3　地方自治に関する要件
　　(イ)自主性　(ロ)伸縮性
4　税務行政上の要件

(出所)税制調査会(1961)151 − 153ページにより作成。

租税の一種であるから，租税一般に要求される諸点(中略)はもとより必要とされるのであるが，なお，それが個々の地方団体の行政運営に要する経費を賄うものであることから右に掲げられたもの以外に地方税に特に必要とされる諸点が存し，それが地方税の特性をなしている」[17]と説明している。税収の安定性は，「地方団体の経費にはその行政事務の性質上経常的なものが多いし，また，市町村の多くはその財政規模が小さいので，地方税とくに市町村税は，年度ごとにその収入額が急激に増減しない種類のものであり，増減

---

17　自治省(1958)2ページ。

するとしても年度間の調整ができる程度のものであることが必要である。まして社会の進展と共に地方団体の行政についても，住民の福祉を保証するための最低限の画一的行政が要請されているのであるから，収入の激変し易いものや単に一時的な収入を得るに過ぎないものは望ましくない。」[18]と説明される。この説明からは，ナショナル・ミニマムを目標にしていた当時の様子がうかがえる。背景が異なるとはいえ，「地方団体の経費にはその行政事務の性質上経常的なものが多いし，また，市町村の多くはその財政規模が小さい」ことは現在にも通じる。今日でも，これは税収の安定性を求める理由である。

表1-3は，日本租税研究協会税制研究会(1961)による地方税原則である。地方税原則は5大原則で構成され，税収の安定性は「地方財政需要」からみた要件に含まれている。荻田(1951)や自治省(1958)が課税当局の議論による地方税原則であるとすれば，日本租税研究協会税制研究会(1961)は当時の地方税研究者による議論の成果である。井藤(1966)は，地方税原則の研究の重要な成果として，これに高い評価を与えている。

表1-4は，税制調査会(1961)『税制調査会答申』の地方税原則である。税収の安定性は，「財政収入としてのあり方に関する要件」に含まれる。この要件は「歳入調達手段としての地方税の本来の機能」[19]であり，税収の安定性は「地方団体の財政規模は国と比較すれば小さく，その反面において，地方団体の財政需要のうちにはすでにみたように，人件費等義務的性質を持つ経費で弾力的にその削減を行なうことの困難な費目が多いので，財政の安定を維持するためには，地方税収入が，なるべく年度ごとに変動を生じないものであることが望ましい。この条件も，特に市町村税に強く要望されるところであるが，もとより，経済循環の過程に伴って，ある程度税収の変動は免れないものであって，これに対しては，年度間の財源調整のための財政上の措置を講じ，機動的にその適切な運用を図ることも必要であるが，根本的に地方財政の基盤を強化するためには，地方税制自体においてなるべく収入

---

18　自治省(1958)2-3ページ。
19　税制調査会(1961)152ページ。

**表1-5　『地方税制の現状とその運営の実態』(2008)の地方税原則**

十分・普遍性の原則：地方団体ごとに十分な収入があげられること
　(例)道府県民税，市町村民税，事業税，固定資産税，たばこ税
安定性の原則：安定した収入が得られること
　(例)固定資産税，たばこ税，自動車税
伸張性の原則：増加していく経費に対応する収入があげられること
　(例)道府県民税，事業税，不動産取得税，軽油引取税，市町村民税
伸縮性の原則：地方団体の意思によって収入を増減し得ること
　(例)法定外普通税，法定外目的税
負担分任性の原則：広く一般住民が地方団体の経費を分任すること
　(例)道府県民税，市町村民税
応益性の原則：受益に応じて負担すること
　(例)事業税，固定資産税
自主性の原則：地方団体が自主的に課税を決定すること
　(例)法定外普通税，法定外目的税

(出所)　(財)地方財務協会編(2008)3-4ページにより作成。

が安定的であることが望ましい。」[20]と説明される。「地方税制自体においてなるべく収入が安定的であることが望ましい」とするところは，税収の安定性を制度面から捉えた指摘として重要である。

　表1-5は，最近の『地方税制の現状とその運営の実態』(2008)であり，表1-2で示した自治省(1958)の地方税原則の現在の姿である。両者はまったく同じ内容である。表1-5では，各原則の趣旨に合う税目の例も挙げている。ここには『税制調査会答申』(1961)の検討の成果が取り入れられている[21]。ここでは，税収の安定性を「地方団体の経費にはその行政事務の性質上経常的なものが多いし，また，市町村の多くはその財政規模が小さいので，地方税とくに市町村税は，年度ごとにその収入額が急激に増減しない種類のものであり，増減するとしても年度間の調整ができる程度のものであることが必要である。まして，社会の進展とともに地方団体の行政についても，住民の福祉を保障するための最低限の画一的行政が要請されているのであるか

---

20　税制調査会(1961)152ページ。
21　具体的には，第2章第2節を参照されたい。

### 表1-6 NCSL(1992)による望ましい地方収入システムの原則

1. 望ましい収入システムは，州政府や地方政府の財源調達を含めて，相補的な要素から構成される。
2. 望ましい収入システムは，信頼できるやり方で収入を獲得する。信頼性とは，安定性，一定性，そして十分性である。
3. 望ましい収入システムは，収入源が多様でバランスがとれている。
4. 望ましい収入システムは，個人を公平に扱う。公平なシステムのために最低限必要なことは，同じような状況の人には同じ程度の税負担を課すこと，逆進性を最小限にすること，そして低所得者への税を最少にすることである。
5. 望ましい収入システムは，納税者の便宜を考慮する。つまり，理解しやすく，納税費用が最少となる。
6. 望ましい収入システムは，公正，効率，そして効果的な税務行政を促す。簡素な税務行政ほど，収入を効率的に獲得し，専門的に業務が遂行され，そして定型的に進められる。
7. 望ましい収入システムは，地方間の，そして国際的な競争に対して配慮する。
8. 望ましい収入システムは，支出に関する意思決定への関わりを最少にし，そのような関わりを明らかにする。
9. 望ましい収入システムは，納税者に対する説明責任を果たす。

(出所) National Conference of State Legislatures(1992)5ページにより作成。

ら，収入の激変しやすいものや単に一時的な収入を得るに過ぎないものは望ましくない。」[22]と説明している。この説明は税制調査会(1961)と似ている。

このようにして地方税原則の議論を振り返ると，1950年代になされた議論がおおむね今日でも受け入れられていることがわかる。これらの議論においては，安定性の原則が地方団体の収入の確保に関わる観点であり，課税当局の視点とされてきたことが重要である[23]。税制調査会(1961)は，これを「地方税の本来の機能」と述べていた。もちろん，税収の安定的な確保は課税当局にとって重要である。しかし，同時に，住民にとっても重要なはずである。地方税を財源とする行政サービスの受益者は住民である。行政サービスの安定的な供給のためには税収の安定性が必要である。これを忘れて徒に

---

22 (財)地方財務協会編(2008)3ページ。
23 篠原(2009)も，地方不動産税の課税標準の選択の議論において，安定性原則を「課税当局の視点」としている(251ページ)。

税収の確保に走る地方団体は，単なるタックス・マシーンである。税収の安定的な確保においてこそ，住民の視点を忘れてはならない。

表1-6は，NCSL(National Conference of State Legislatures，全米州議会議員連盟)とリンカーン土地政策研究所(Lincoln Institute of Land Policy)による共同プロジェクトの成果としてまとめられた地方税原則である。連邦財政制度を前提とした地方税原則として有名である。ここでも税収の安定性を求めている。NCSL(1992)は，「集められる収入の総額は，予想外の景気の変動があるとはいえ，将来にわたって比較的一定となるべきである。望ましい収入システムは，経済の変化に対してあまり反応しないような税をいくつか採用することなどによってタックス・ミックスを進めて，安定性を向上させるものである。たとえば，(累進個人所得税のような)景気の良いときには個人所得の伸びよりも収入の伸びが大きくなり，逆に景気の悪いときには個人所得の減少よりも収入の減少が小さくなるような税は，(課税ベースの広い売上税のような)景気循環に対して収入が安定的であるような税によって相殺されるべきである。課税ベースの広い多様な収入構造は，課税ベースの狭い多様でない収入構造よりも，収入が安定的な傾向がある。しかしながら，景気変動の影響は多かれ少なかれすべての収入源に及ぶので，州の収入システムがある程度不安定であるのは避けられないことである。」[24]と税収の安定性を説明している。ここで特徴的なのは，タックス・ミックスによる税源の多様化によって税収の安定性向上を求めていることである。

タックス・ミックスによる税収の安定性は，日本の地方税原則の議論にも存在する。税制調査会(1961)は，「ある種の税は，国民所得の伸び率の増減に比較的かかわりなく，ほぼ一定したペースで伸長する傾向を有しているし，ある種の税は，景気の上昇するときは急激な伸長性を示すけれども，景気の伸び率の鈍化したときには収入がかえって縮小する傾向を有する。地方財政の特殊性から考えて，収入はできるかぎり年度間を通じて均等に伸びることが望ましいのはもとよりであるが，単一の税目の収入が不安定であったとしても，他にこれを相殺することのできるような安定的な税収入があったり，

---

24　NCSL(1992)7ページ。

### 表1-7　Brunori(2011)の地方税原則

| |
|---|
| 原則1：適切な収入の確保 |
| 原則2：中立性 |
| 原則3：公正性 |
| 原則4：賦課徴収と納税の容易さ |
| 原則5：説明責任 |

(出所)Brunori(2011)13-24ページにより作成。

景気のサイクルに対して，税収入の反応する時期が先後して，相互にその収入の変動性が打ち消し合うなど，税体系としての安定性を備えているならば，必ずしも不都合はないことになるので，この点についても検討する必要がある。」と述べている[25]。また，税制調査会(2002)『あるべき税制の構築に向けた基本方針』における「税収の安定性を備えた地方税体系を構築する」という考えも地方税の収入が全体として安定性を確保するように求める趣旨であり，タックス・ミックスを考慮した地方税の全体としての税収の安定性を求めるものと理解できる。税収の安定性では，個別税目の収入の安定性の確保と同時に，地方税が全体として安定的に収入を確保することも重要なのである。

表1-7は，Brunori(2011)の地方税原則である。Brunori(2011)は，「望ましい地方税政策の要件には議論の余地があるとはいえ，一般的に合意されるものとして5つを挙げることができる」[26]として地方税原則を示している。税収の安定性は，「安定性が重要であるのは，ほとんどの公共サービスが一定期間継続することを想定しているからである。つまり，州政府が(学校，道路，刑務所に)支出する金額は，毎年同じなのである。」[27]と説明している。日本の地方税原則の議論では，税制調査会(1961)の「人件費等義務的性質を持つ経費で弾力的にその削減を行なうことの困難な費目が多い」という説明の中に同様の考え方をみることができる。

以上の地方税原則の確認からは，税収の安定的な確保が時代を超えて，国や地域を超えて，地方税の重要な課題であることがわかる。

---

25　税制調査会(1961)157ページ。
26　Brunori(2011)13ページ。
27　Brunori(2011)14ページ。

# 第2章　地方税収の安定性と伸張性

## 1　はじめに

### 1-1　本章の目的

　本章は，税収の所得弾力性を推計することで，地方税収の安定性と伸張性を明らかにする。税収の変動性を明らかにしようとする研究は，これまでにも数多く取り組まれている。しかしながら，その多くは国税を対象にした研究であり，地方税を分析したものはAcqaah and Gelardi(2008)が「アメリカの州の収入の安定性や伸張性を分析した研究はたくさん存在するが，カナダの州を対象にした同様の研究は驚くほど少ない」[1]と述べるように，限定的である。同様のことは，堀場他(2013)も「1990年代以降の安定性の定量的な分析はほとんどなされていない。」[2]と述べている。しかし，税収を確保することに対する関心は，国税，地方税を通じて多方面で高まっている。たとえば，経済のグローバル化は国家間の税率引下げ競争を促し，企業の租税回避行動を活発化させた。これらは法人からの税収の確保を困難にしている。一方で，人口の高齢化は，社会保障費の増加を通じて，政府支出を拡大させている。支出の増加に対応するためには，これまで以上に税収の確保が必要である。

　所得弾力性を使った税収の変動性の先駆的研究は，Groves and Kahn (1952)である。その後，Sobel and Holcombe(1996)は税収の所得弾力性を短期と長期に分け，前者を安定性，後者を伸張性として解釈して税収の変化

---

1　Acquaah and Gelardi(2008)42ページ。
2　堀場他(2013)18ページ。

を推計した。その際，彼らは変化モデルと誤差修正モデルによって短期的所得弾力性を推計している。Ishida(2011)は，Sobel and Holcombe(1996)と同様に，変化モデルと誤差修正モデルによって税収の短期的所得弾力性（安定性）を推計し，水準モデルによって税収の長期的所得弾力性（伸張性）を推計した。短期的所得弾力性の推計方法として，理論的には，変化モデルよりも誤差修正モデルの方が望ましいかもしれない。しかしながら，Dye(2004)が述べるように，両モデルの結果がほとんど同じであれば，より簡便な方法を使っても許されるだろう。Ishida(2011)でも，両モデルはほとんど同じ結果を示している。そこで，本章は誤差修正モデルではなく，変化モデルを使うことにした。その一方で，Sobel and Holcombe(1996)とIshida(2011)は実質税収額と実質GDPによって所得弾力性を推計しているが，本章は名目税収額と名目GDPによる推計も併せて行い，2つの結果を比較することにした。

本章の構成は，次のとおりである。第1節の後半は，1980年度から2011年度の税収とGDPの変化を確認する。第2節は，先行研究によって，地方税の安定性の考え方を整理する。安定性と伸張性の関係，税収の変動性を測定する尺度の選択という2つの論点に分けて，地方税の安定性研究における本章の分析の位置付けを明確にする。第3節は推計方法とデータを説明する。第4節は推計結果を示し，第5節は結果を考察する。第6節はまとめである。

## 1-2 地方税とGDPの変化

図2-1は道府県税，図2-2は市町村税の税収とGDPの対前年度変化率を示している。この方法は，税収とGDPの変化を毎年度間で比較できる。これは短期的な変化として，税収の安定性を表わすと解釈できる。

図2-1と図2-2を見ると，道府県税でも市町村税でも，GDPよりも税収の方が変化が大きいようである。所得税から個人住民税への税源移譲の効果は，図2-1では個人道府県民税（個人均等割と所得割の合計）の急増として顕著に示されているが，図2-2では目立たない。図1-2（第1章）と同様に，道府県分と市町村分で税源移譲の効果が異なることを確認できる。さらに図2-1と図2-2を比べると，道府県税の変化よりも市町村税の変化の方が大きいようである。市町村税の中では，固定資産税が比較的安定している

22　第2章　地方税収の安定性と伸張性

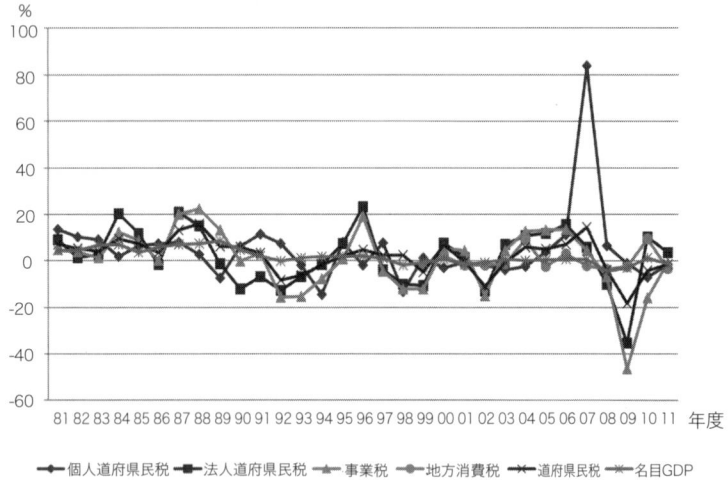

（注）すべて名目額による。
（出所）総務省『平成25年度地方税に関する参考係数資料』により作成。

**図2-1　道府県税とGDPの対前年度変化率の推移**

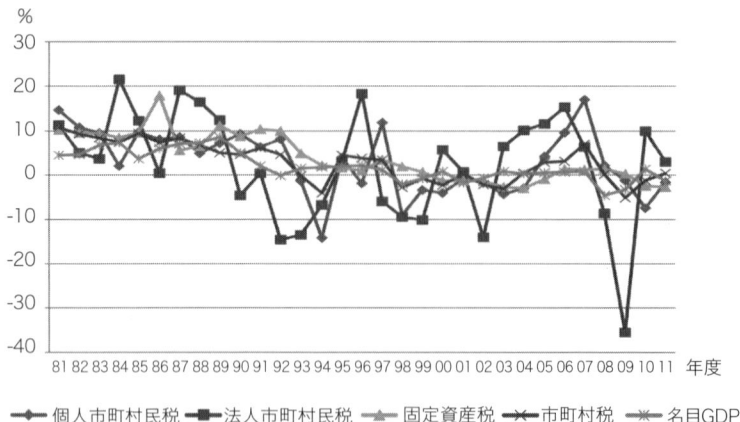

（注）すべて名目額による。
（出所）図2-1と同じ。

**図2-2　市町村税とGDPの対前年度変化率の推移**

1 はじめに  23

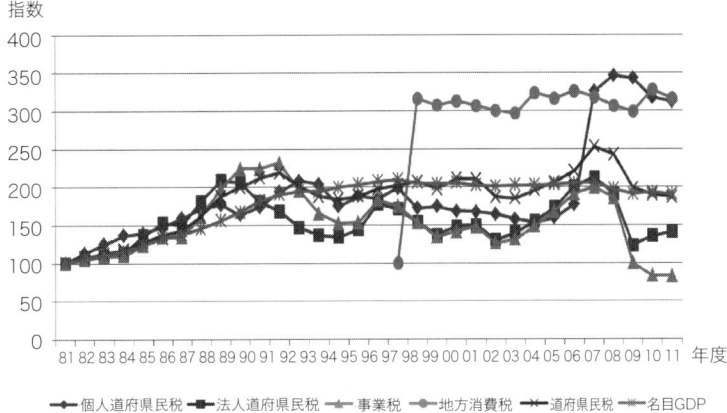

（注）1．すべて名目額による。 2．地方消費税のみ1997年度を100とし，その他は1980年度を100とした指数である。
（出所）図2-1と同じ。

**図2-3　道府県税とGDPの推移**

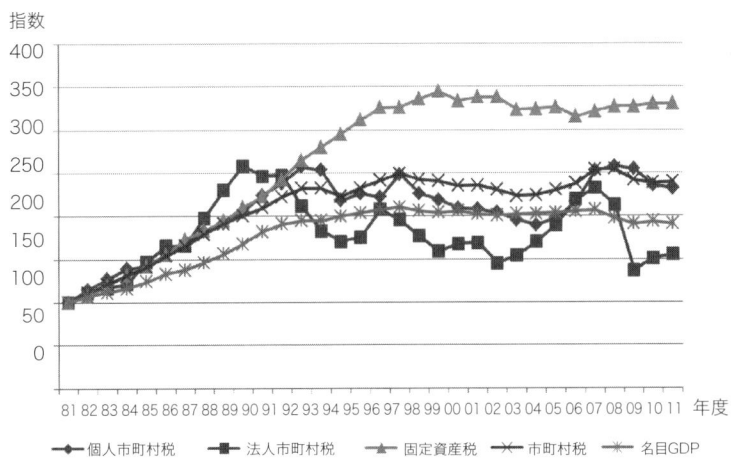

（注）1．すべて名目額による。 2．1980年度を100とした指数である。
（出所）図2-1と同じ。

**図2-4　市町村税とGDPの推移**

ようにみえる。

　図2-3は道府県税，図2-4は市町村税の1980年度を100とした指数による税収とGDPの推移を示している。この方法は長期的な傾向として，GDPの成長と対比した税収の変化を把握できる。これは税収の伸張性として解釈できる。

　図2-3によると，個人道府県民税は1990年代前半までGDPとおおむね同じペースで伸びるが，その後景気の停滞とともにGDPの成長を下回るようになる。しかし，2007年度の税源移譲によって税収が急増すると，GDPを上回って成長する。地方法人課税（法人道府県民税と事業税）は，GDPよりも増減が激しいようにみえる。特徴的なのは2011年度に事業税の水準が82.9となることであり，これは1980年度よりも低い。地方消費税は，一定の水準を維持し続けている。道府県税の全体では，1980年代に税収の伸びが見られるが，その後は2007年度前後を除いて伸びていない。

　図2-4によると，市町村税の中では，固定資産税の伸びが顕著である。2011年度の固定資産税は330であり，GDPの190を大きく超えている。個人市町村民税と法人市町村民税は，動きが異なる。2011年度に個人市町村民税はGDPを上回っているが，法人市町村民税はGDPを下回っている。また，個人市町村民税に比べて，法人市町村民税は税収の変化が激しいようである。GDPを下回る年度が多いことも，法人市町村民税の特徴である。全体的な傾向でいえば，市町村税はGDPを上回っている。

　図2-3と図2-4を比べると，個人住民税の傾向は異なるが，法人住民税の傾向は似ている。また，道府県税よりも，市町村税が順調に税収を伸ばしてきたことも分かる。

## 2 地方税の安定性をめぐる議論

### 2-1　税収の安定性の捉え方

　神野（2007）は，安定性の原則を「時間的」な概念として捉え，「空間的」な概念である普遍性の原則と対比させ，両者の関係を「もっとも，時間的に

安定している租税の税収は，空間的にも普遍的に存在する。景気によって所得が変動しても安定的に税収をもたらす租税は，地域的に所得が偏在していても，普遍的に税収をもたらすからである。」[3]と説明している。

　安定性の原則は，時間的な概念の中でも，短期の概念である。地方税原則の中で安定性の原則と対比されるのは，長期の時間的な概念である伸張性の原則である。短期的な安定性と長期的な伸張性について，片桐(2003)は「安定性の原則と伸張性の原則との観点との相違から一見両方組み合わせれば調和のとれた地方税体系になりそうに思えるが，実際には地方税体系は中・長期的に組み立てられるものであって，短期的観点はそう意味をなさない。例えば，短期的観点から安定性の原則に合致する税として固定資産税があげられているが，このような収益的財産税は国際的にみて地方独自財源としての地位を長期的には大きく後退させてきているのであって，換言すれば長期にわたる財政需要の拡大に対応できなくなっているのであって，そのような税を短期的目的に合うものとしてどこまで主張することができるのか。」[4]と述べ，地方税の体系における短期的な観点の意義に疑問を呈している。ここで見逃してはならないのは，この議論が短期的な観点(安定性)と長期的な観点(伸張性)の対立を前提にしていることである。短期的な観点と長期的な観点が両立しないならば，どちらを優先するかという議論が生じる。片桐(2003)は長期的な観点(伸張性)を優先している。

　Holcombe and Sobel(1997)は，このような考え方(つまり，安定性と伸張性のトレード・オフ)を「伝統的見解」[5]と呼んでいる。彼らによると，所得弾力性による税収の変化の先駆的な研究であるGroves and Kahn(1952)も伝統的見解に属している。彼らの解釈によれば，先行研究の多くが伝統的見解の議論を展開してきたといえる。片桐(2003)もこの中に含まれることになる。伝統的見解で税収の安定性と伸張性が両立しないのは，安定性と伸張性に同じ尺度を使うからである。税収の所得弾力性は，1よりも小さいとき税収の安定性が高く，1よりも大きいときに税収の安定性が低いと解釈される。同

---

3　神野(2007)299-300ページ。
4　片桐(2003)114ページ。
5　Holcombe and Sobel (1997)159ページ。

時に，税収の所得弾力性は，1よりも大きいときに税収の伸張性が高く，1よりも小さいときに伸張性が低いと解釈される。したがって，安定性と伸張性は両立し得ない。さらに，安定性の向上は税収の所得弾力性を小さくするので，必ず伸張性を犠牲にすることにもなる。

　一方，伝統的見解を支持しない見解は，短期(安定性)と長期(伸張性)はほとんど関係がないと考えて，安定性と伸張性に異なる尺度を使う。Sobel and Holcombe(1996)は，税収の短期的所得弾力性で安定性，税収の長期的所得弾力性で伸張性を推計した。Acquaah and Gelardi(2008)は，安定性と伸張性の尺度の選択は単なる方法論の問題ではなく，安定性や伸張性をどのように理解するかにも関わる考え方の問題であると述べている[6]。安定性と伸張性に短期と長期という時間軸の違いがあることを踏まえれば，この違いを反映した尺度をそれぞれに使う方が自然である。

　これまでに安定性と伸張性を異なる尺度で推計した先行研究がないわけではない。税制調査会(1961)は，税収の所得弾性値によって伸張性，「税収入をグラフ上に示してその安定性について観察する」[7]ことによって安定性を判断している[8]。そして，固定資産税，自動車税，たばこ消費税の安定性が高いこと，法人住民税と法人事業税の安定性が低いこと，道府県税と市町村税は全体で安定性が高いことを示している[9]。また，自動車税，法人事業税，個人・法人住民税，都道府県・市町村の税体系は，伸張性が高いことも示している[10]。その他にも横田(1989)は，税収の対前年度変化率の変動係数や名目GDPに対する税収弾性値によって安定性，税収の対前年度変化率によっ

---

6　Acquaah and Gelardi (2008)53ページ。
7　税制調査会(1961)157ページ。
8　税制調査会(1961)は，税収の普遍性も分析している。「道府県税では，税収入合計の偏在性は高まっており，偏在性の強い税は法人住民税と法人事業税であり，逆に，もっとも普遍性の高い税はたばこ消費税と軽油引取税である。また，一般的に，伸張性の高い税目は同時に偏在性も強い傾向がある。市町村税では，偏在性の高い税は法人税割，償却資産・家屋に対する固定資産税，電気ガス税であり，逆に，普遍性の高い税は軽自動車税，土地に対する固定資産税，たばこ消費税である。税収入全体では，道府県税よりも市町村税の方が普遍性が高い」(税制調査会(1961)160ページ)。
9　税制調査会(1961)157-158ページ。
10　税制調査会(1961)153-156ページ。

て伸張性を測っている。そして,「税収の伸張性と安定性とは相対立することが多い。そして,この両者は税収の普遍性とも絡んでいる。通常,伸張性を有する税は偏在する傾向が強いからである。」[11]と述べている。これらの先行研究は,伝統的見解によることなく,日本の地方税の税収の安定性と伸張性が相対立する関係にあることを示している[12]。

同じ結論に至るとしても,伝統的見解によるか否かは重要である。本章は,伝統的見解(つまり税収の安定性と伸張性のトレード・オフを前提とする見解)によることなく,Sobel and Holcombe(1996)の考え方で税収の安定性と伸張性を推計する。安定性と伸張性の関係は,伝統的見解によって前提とするよりも,どうなるかわからないので検証するという見解の方がより柔軟な姿勢であろうと考えるからである。さらには,短期と長期の違いを踏まえて短期的所得弾力性と長期的所得弾力性を使うことは,時間軸による安定性と伸張性の理解にもうまく適合している。また,望ましい地方税のあり方としても,短期と長期の両方の観点で税収の確保を求めることができる。さらに,タックス・ミックスとして地方税が体系的に安定性と伸張性をもつことも追求できる。地方税原則は安定性と伸張性に優劣をつけていない。安定性と伸張性が争うことは不毛であり,両方とも大切である。

## 2-2 税収の変動性の尺度

税収の安定性は,これまでにいろいろな尺度で測られてきた。本章は,Sobel and Holcombe(1996)に従って,税収の短期的所得弾力性によって安定性を測る。この他には,標準偏差,変動係数,対前年度変化率,所得弾性値などの尺度がある[13]。

税収が安定的であることをもっとも素朴にイメージすれば,税収額が前年度と同じ水準にある状態かもしれない。収入額をグラフで眺めることで安定性を判断した税制調査会(1961)の方法は,これである。しかし,歳出が拡大

---

11 横田(1989)944ページ。
12 同時に,伸張性と普遍性も相対立する関係にある。
13 弾性値はbuoyancy,弾力性はelasticityである。

しているときには，前年度と同じ税収額を確保しても安定性があるように思えないだろう。歳出の増加と同じ割合で税収が増えて初めて，地方税は前年度と同程度の貢献をしたことになる。この場合には，歳出に占める税収の割合が一定であるときに安定性があるといえる。ここで歳出に占める税収の割合の代わりに，歳入に占める税収の割合を測ることもできる。この場合には，財政需要を賄う経費という意味に加えて，歳入確保に対する貢献という意味も持たせることができる[14]。個別税目の場合には，税収確保に対する貢献という意味から，道府県税収や市町村税収に占める割合によって安定性を測ることもできる。このようにして歳入や税収総額に占める割合によって税収の安定性を捉える方法は，行財政運営の実務で多く利用されている。この方法の利点は，税収と財政需要を賄う経費を直接的に関連付けることである。税収額や構成割合の他に，実務でしばしば用いられるのは税収の対前年度変化率である。対前年度変化率は，予算編成で翌年度の税収を見積もる場合に便利である。

一方，先行研究では，変動係数や所得弾力性などが多く用いられてきた[15]。前者は税収額のみによって計算できるのに対して，後者はGDPの変化との関係で税収の変化を捉えるという違いがある。

横田(1989)は，税収の対前年度変化率を伸張性の尺度，税収の対前年度変化率の変動係数と税収の所得弾性値を安定性の尺度にしている。横田(1989)は，これを「景気に対する感応性という観点から安定性を見る」[16]ためとしている。一方で，税制調査会(1961)は，税収の所得弾性値を伸張性の尺度に用いている。税収の所得弾性値が，一方では安定性の尺度となり，他方では伸張性の尺度となっている。税制調査会(1961)と横田(1989)は，安定性と伸張性の相対的な関係を踏まえて，それぞれに整合的に安定性と伸張性の尺度を決めている。そうであるとしても，一方で所得弾性値が安定性の尺度とな

---

14　予算上歳出額と歳入額は一致するので，両者は等しくなる。もちろん，決算では異なる。
15　ここで紹介する以外にも，本章と関心の近い文献には，Dye and McGuire(1991)，Fox and Campbell(1984)，Haughton(1998)，Jamieson and Amirkhalkhali(1990)，White(1983)などがある。
16　横田(1989)949ページ。

## 表2-1 地方税収の変化

| 年度 | 道府県税 個人道府県民税 対前年度変化率(%) | 弾性値 | 法人道府県民税 対前年度変化率(%) | 弾性値 | 法人事業税 対前年度変化率(%) | 弾性値 | 地方消費税 対前年度変化率(%) | 弾性値 | 市町村税 個人市町村民税 対前年度変化率(%) | 弾性値 | 法人市町村民税 対前年度変化率(%) | 弾性値 | 固定資産税 対前年度変化率(%) | 弾性値 |
|---|---|---|---|---|---|---|---|---|---|---|---|---|---|---|
| 98 | -13.3 | -13.3 | -10.1 | -10.1 | -12.8 | -12.8 | 196.2 | 196.2 | -9.0 | -9.0 | -9.5 | -9.5 | 3.1 | 3.1 |
| 99 | 1.3 | -0.7 | -10.8 | 5.4 | -12.1 | 6.1 | -2.8 | 1.4 | -3.4 | 1.7 | -10.1 | 5.1 | 2.5 | -1.3 |
| 00 | -3.2 | 4.0 | 7.8 | -9.8 | 5.8 | -7.3 | 2.0 | -2.5 | -4.1 | 5.1 | 5.6 | -7.0 | -3.1 | 3.9 |
| 01 | -0.7 | -0.9 | 1.5 | 1.9 | 4.7 | 5.9 | -2.1 | -2.6 | -0.8 | -1.0 | 0.6 | 0.8 | 1.2 | 1.5 |
| 02 | -1.9 | 1.1 | -13.2 | 7.3 | -15.8 | 8.8 | -2.0 | 1.1 | -1.8 | 1.0 | -14.0 | 7.8 | 0.0 | 0.0 |
| 03 | -4.1 | 5.9 | 7.2 | -10.3 | 5.1 | -7.3 | -1.3 | 1.9 | -4.3 | 6.1 | 6.4 | -9.1 | -4.3 | 6.1 |
| 04 | -2.5 | -3.1 | 10.8 | 13.5 | 13.6 | 17.0 | 9.2 | 11.5 | -3.0 | -3.8 | 10.1 | 12.6 | 0.3 | 0.4 |
| 05 | 3.8 | 19.0 | 11.9 | 59.5 | 13.9 | 69.5 | -2.4 | -12.0 | 4.2 | 21.0 | 11.6 | 58.0 | 0.5 | 2.5 |
| 06 | 11.1 | 22.2 | 15.6 | 31.2 | 14.1 | 28.2 | 3.0 | 6.0 | 9.5 | 19.0 | 15.4 | 30.8 | -3.3 | -6.6 |
| 07 | 83.7 | 119.6 | 5.9 | 8.4 | 4.6 | 6.6 | -2.3 | -3.3 | 16.9 | 24.1 | 6.3 | 9.0 | 1.9 | 2.7 |
| 08 | 6.5 | 8.1 | -10.1 | -12.6 | -7.2 | -9.0 | -3.7 | -4.6 | 2.1 | 2.6 | -8.7 | -10.9 | 1.8 | 2.3 |
| 09 | -1.1 | 0.2 | -35.4 | 7.7 | -48.1 | 10.5 | -2.5 | 0.5 | -1.3 | 0.3 | -35.5 | 7.7 | 0.0 | 0.0 |
| 10 | -7.3 | 2.3 | 10.3 | -3.2 | -16.6 | 5.2 | 9.5 | -3.0 | -7.5 | 2.3 | 10.0 | -3.1 | 1.0 | -0.3 |
| 11 | -1.7 | 1.1 | 3.6 | 2.8 | -0.6 | -0.5 | -3.5 | -2.7 | -1.6 | -1.2 | 2.9 | 2.2 | 0.0 | 0.0 |
| 平均 | 5.0 | 11.6 | -0.4 | 6.6 | -3.7 | 8.6 | 0.1 | -0.6 | -0.3 | 4.9 | -0.6 | 6.7 | 0.1 | 1.0 |
| 対前年度変化率の変動係数 | 4.467 | | -37.541 | | -4.423 | | 53.832 | | -22.316 | | -20.652 | | 18.752 | |

(注)平均と対前年度変化率の変動係数の計算では,地方消費税のみ1998年度を除いた。
(出所)総務省『平成25年度地方税に関する参考計数資料』により計算。

り,他方で同じ所得弾性値が伸張性になるというのは分かりにくい。

Clair(2012)は,「変動係数は,平均がゼロに近いような小さな変化に対して敏感である」[17]ために安定性の尺度として望ましくないと述べ,(1人当たり税収の)標準偏差を安定性の尺度として利用している。変動係数に対するClair(2012)の指摘は興味深い。

表2-1は,税収変化の尺度の問題を具体的にイメージするために,1998年度から2011年度の主な地方税について,横田(1989)にならって税収の対前年度変化率,対前年度変化率の平均,対前年度変化率の変動係数,名目GDPに対する税収の所得弾性値,所得弾性値の平均を示している。

対前年度変化率の変動係数は,個人道府県民税が約4.5,法人事業税が(絶対値で)約4.4であり,地方消費税は約53.8である。対前年度変化率の変動係

---
17 Clair(2012)66ページ。

数によって安定性を判断すると,法人事業税がもっとも安定性が高く,地方消費税はもっとも安定性が低いことになる。しかしながら,この意外な結果をそのまま受け入れるわけにはいかないだろう。Clair(2012)の指摘を思い出すと,そもそも安定性の高い税ほど,年度ごとの税収の変化は小さく,平均がゼロに近くなる。地方消費税の対前年度変化率の平均は0.1であり,固定資産税と並んで,もっとも小さい。年度間の変化が小さな税は,通常,安定性が高いといえる。しかし,税収の変化が極めて小さく平均がゼロに近くなると,変動係数は大きくなってしまうのである。変動係数をみると,地方消費税だけでなく,固定資産税も安定性が低いことになる。平均がゼロに近い場合の変動係数の解釈には慎重さが求められる。

　税収の所得弾性値は,1よりも小さい場合に安定性が高く,1よりも大きい場合に安定性が低いと判断される[18]。表2-1の所得弾性値は,毎年度,変化している。また,50や60を超える大きな所得弾性値もある。これらは,そのまま税収の安定性として解釈するわけにはいかないだろう。税の性質に関わる税収の安定性の判断として,あまりに非現実的である。

　各年度の所得弾性値よりも,所得弾性値の平均の方が安定性の尺度にふさわしいかもしれない。表2-1をみると,所得弾性値に比べて,所得弾性値の平均は落ち着いている。これであれば,安定性の尺度として受け入れやすい。さらに,一定の期間で測った平均は,その期間の安定性として解釈することもできる。

　平均による方法と同様に,時系列データの回帰によって税収の安定性を測る方法も一定の期間によるといえる。この方法の代表的な日本の先行研究は,石(1976)である。石(1976)は,税制のビルトイン・スタビライザー効果を確かめる目的で税収の変動性を測る際に,平均による方法を否定して時系列データによる推計を支持している[19]。

---

18　マイナスの所得弾性値の場合には,安定性の判断としては,絶対値で判断する。基準となる1の範囲にどの程度の幅を持たせるかは,主観的かもしれない。たとえば,林(1995)は1.1程度を「1に近い」値としている。
19　第3-1節で詳述する。

税収の変動性の推計では，目的に応じて尺度を選択することが重要である。景気後退との関係から税収の変化に関心がある場合には税収の所得弾性値や所得弾力性，税収の変化そのものに関心がある場合には標準偏差や変動係数が望ましいだろう。

　最近では，日本でも所得弾力性を短期と長期に分けた分析がある。たとえば北浦・長嶋(2007)は，本章の定義と異なるが，「同一年度内におけるGDPギャップの増減に伴う税収の変動」を年度内税収弾性値として短期の所得弾力性とし，「分配関係が安定的な潜在成長経路上の税収の伸び率と経済成長率の関係」を長期の所得弾力性とすることで，税収の所得弾力性を短期と長期に分けている[20]。一方で，本章と同様に日本の地方税に関心をもつ文献には，所得弾力性を短期と長期に分けたものはない。堀場他(2013)は，税収の安定性と普遍性に関心をもって1990年代以降の地方税収の変動を分析している。税収の普遍性を扱っている点において本章とは異なるが，税収の安定性への関心は本章と共有している。とくに「税制改正・改革による裁量的な制度変更」[21]によって地方税収の変動が影響を受けたのではないかという着眼には強い共感をもつ。しかし，短期と長期の区別はしていない。

　本章は，Sobel and Holcombe (1996)にならって，1階の差分を考慮した(変化モデルによる)所得弾力性によって短期的所得弾力性を定義し，税収の安定性を測る。差分を考慮しない(通常の水準モデルによる)所得弾力性は長期的所得弾力性であり，これで税収の伸張性を測る。彼ら(そして本章)の方法からすれば，多くの先行研究で推計されてきた時系列データの回帰による水準モデルの所得弾力性は長期の所得弾力性であり，伸張性を測ってきたことになる。堀場他(2013)は，時変パラメータを定数項に用いた推計式によって税収の所得弾力性を計算し税収の安定性を測っているが，「定数項が可変であることを除いて，一般的に用いられる所得弾力性を求める推計モデル」[22]を使っている。本章の考え方からすれば，これも税収の長期的所得弾

---

20　北浦・長嶋(2007)19ページ。
21　堀場他(2013)18ページ。
22　堀場他(2013)21ページ。

力性(伸張性)を測る推計式(水準モデル)である。本章は，変動係数や標準偏差を用いた税収の安定性を排除するわけではないが，税収の所得弾力性を短期と長期に分けることのメリットを積極的に認めて変化モデルを採用する。

## 3 方法とデータ

### 3-1 方　法

　本章は，名目額と実質額の両方で税収の所得弾力性を推計する。先行研究では，各年度の税収の所得弾性値の期間平均で税収の変動性を測る場合に名目額を用いることが多い。税制調査会(2000)は，「将来の税収は，名目経済成長率がどの程度になるかということに大きく依存」[23]すると述べ，名目経済成長率が税収の決定要因であると考え，名目額で地方税の全体の所得弾性値を計算し平均1.0を示している[24]。これと同様の理由から，時系列データによる税収の所得弾力性の推計でも，名目額を使うことがある。その一方で，時系列データなので実質額を使うというのも自然な発想である。Sobel and Holcombe(1996)，Ishida(2011)は，実質額を使っている。理論的にはどちらもあり得るといえる。そこで本章は，名目額と実質額の両方で税収の所得弾力性を推計することにする。

　日本では，毎年度税制が改正されている。したがって，時系列データによる推計は制度改正の影響を含むことになる。この影響を排除するために，税制改正がなかったものと仮定して税収額を推計し直す方法が用いられることがある。先行研究で多いのは，この方法で所得弾性値を計算し，これを期間で平均するものである。しかし，石(1976)はこの方法に対して否定的である[25]。「平均的税制などというのは明らかに意味がない」とし，税制改正がなかった場合というのは「あくまで仮想上の数値」であり，これによって実

---

23　税制調査会(2000)49ページ。
24　税制調査会(2000)48ページ。
25　石(1976)244-245ページ。

際に「どの程度『税制の固定化』が実現したかは疑問」とする。税収とGDPの対前年度変化率の比で計算する税収の所得弾性値に対しても,「現実的でない」ものがあり,その理由を「たった2つのサンプル数で計算をおこなっている」ためとする。

税制改正をなかったものとすることに対する石(1976)の批判はとくに厳しい。この方法は,「前年度税制を比較年度の課税標準に適用」することで税制改正をなかったことにする。しかし,実際には「比較年度の課税標準はすでにその年度の税制改正によって変化して」おり,税制のみを固定して計算したとしても課税標準の変化を捉えておらず,「変動した当年度の課税標準と前年度のまま固定した税制とは,本来一致した概念ではない」とする。同様に,税制調査会(1961)も,税制改正をなかったものとする方法には批判的である。「当調査会は,昭和29年度を起点として,伸長性の検討を行ったのであるが,その場合に,昭和29年度以後のすべての改正がなかったものとみて,昭和29年度の税制のままでの毎年の税収を見積ることは技術的にもとうてい困難であるし,また,そのような方法で昭和29年度税制の伸長性を算定しても現在の税制の検討にはさして役にたつものではない」[26]としている。

確かに「平均的税制」は架空のものである。税収の所得弾力性の推計は,「税制を固定した」[27]ままで発生する収入額を用いた方が望ましく,毎年度の決算額をそのまま用いた推計は「時系列としての連続性」[28]に欠けるかもしれない。実際,堀場他(2013)が「度重なる税制改正・改革によって,税収の変動が余りに大きく,定量的な分析を困難にしている」[29]と述べるように,制度改正の存在は定量的な分析を躊躇させるところがある。代替案として石(1976)は,「次善(second-best)の計測方法」[30]としながらも複数年のデータを用いた回帰分析による所得弾力性の推計方法を推奨し,税制改正のなかっ

---

26　税制調査会(1961)153-156ページ。
27　石(1976)243ページ。
28　石(1976)243ページ。
29　堀場他(2013)18ページ。
30　石(1976)246ページ。

た1960年度から1961年度を四半期に分けて所得弾力性を推計している。しかしながら，この方法は税制改正のなかった場合にしか採用できない。

本章は，1980年度から2011年度の期間で，決算額をそのまま用いて税収の所得弾力性を推計する。決算額をそのまま用いることは，「時系列としての連続性」には欠けるかもしれないが，むしろ現実的といえる。課税当局が実際に受け入れる税収は，制度改正の影響を含んだ決算額である。地方団体は，架空の「平均的税制」に興味をもたないだろうが，制度改正の影響を含んで実際にいくらの税収額を受け入れるかには大いに関心をもつはずである。

制度改正の影響をできるだけ排除するために，税収の所得弾力性ではなく，課税ベースの所得弾力性を測ることがある。しかし，Holcombe and Sobel (1997)は「究極的には，財政の安定性の問題に関わるのは，課税ベースではなく，税収の変化である」[31]と述べて，税収の変化を重視する。税制調査会(1961)や税制調査会(2000)なども，課税ベースではなく，税収の所得弾力性を推計している。本章も，同様の理由から，課税ベースではなく税収の所得弾力性を推計する。

本章が税収の安定性と伸張性を推計するために用いる式は，次のとおりである。

$\ln(R_t) = a + \beta \ln(Y_t) + \varepsilon_t \cdots (1)$

$\Delta \ln(R_t) = a + \beta \Delta \ln(Y_t) + \varepsilon_t \cdots (2)$

ただし，$R_t$は$t$年度の税収，$Y_t$は$t$年度のGDP，$\varepsilon_t$は誤差項である。係数$\beta$がGDPに対する税収の所得弾力性である。(1)式は，水準モデルと呼ばれ，税収の長期的所得弾力性の推計式である。税収の長期的所得弾力性を示す係数$\beta$が伸張性の尺度である。$\beta$が1よりも大きいとき，税収増加のペースはGDPの成長よりも早いことになり，税収は伸張性が高いと判断される。逆に$\beta$が1よりも小さいときには，GDPの成長に税収の増加が追い付いておらず，税収は伸張性が低いと判断される。$\beta$が1に等しいときは，税収とGDPが同じペースで成長していることになり，税収はGDPに対して長期的に中

---

31 Holcombe and Sobel(1997)122ページ。

立的であることになる。(2)式は，変化モデルと呼ばれ，税収の短期的所得弾力性の推計式である。(1)式との違いは，Δで示される1階の差分にある。1よりも大きい$\beta$は，景気循環におけるGDPの短期的な変動よりも税収の変化の方が大きいことを表しており，このとき税収は安定性が低いと判断される。逆に$\beta$が1よりも小さいとき，税収の変化は景気循環におけるGDPの変化よりも小さく，税収は安定性が高いことになる。$\beta$が1に等しいとき，景気循環によるGDPの変化と税収の変化は等しいことになり，税収は短期的に中立的であることになる。

## 3-2 データ

本章は，道府県民税，事業税，地方消費税，市町村民税，固定資産税の税収の所得弾力性を推計する。道府県民税，事業税，市町村民税は，個人分と法人分を分けて推計する。道府県民税と市町村民税では，均等割，所得割，法人税割を区別する。

税収額は全国集計された決算額を用いることにし，名目額と実質額の2通りで推計する。都道府県別や市町村別の税収額ではなく，全国集計された税収額を用いることを正当化できる理由は，すべての地方団体がほとんど同じ仕組みで課税していることにある。超過課税などによる地方団体間の差がないわけではないが，その差は無視できるくらいに小さいといえる[32]。したがって，本章は，全国集計された収入額を用いたとしてもそれぞれの税の性質としての税収の安定性や伸張性を判断するには問題はないと考える。

税収決算額は，名目決算額を総務省『地方税に関する参考計数資料』から採用する。名目決算額から実質決算額への変換は，総務省統計局『平成22年基準消費者物価指数』の消費者物価指数を用いる。GDPは，内閣府『国民経済計算』から名目GDPと実質GDPを採用する。推計期間は，地方消費税を除いて，1980年度から2011年度とする。地方消費税は，1997年度の創設だが，初年度は税収が少ないため1998年度からとした。これらの記述統計量は表2-2に示している。

---

32　第1章第2-2節を参照。

36  第2章 地方税収の安定性と伸張性

表2-2 記述統計量

| 変数 | データ数 | 平均 | 中央値 | 最大値 | 最小値 | 標準偏差 |
|---|---|---|---|---|---|---|
| 道府県民税 | 32 | 4,063,613 | 4,080,649 | 6,238,656 | 1,971,477 | 1,116,019 |
| 個人均等割 | 32 | 41,749 | 38,960 | 78,067 | 17,411 | 18,587 |
| 所得割 | 32 | 2,654,373 | 2,413,332 | 4,824,598 | 1,397,222 | 891,081 |
| (個人分) | 32 | 2,696,122 | 2,447,453 | 4,900,510 | 1,414,633 | 906,443 |
| 法人均等割 | 32 | 97,539 | 122,433 | 147,606 | 9,116 | 46,632 |
| 法人税割 | 32 | 759,467 | 719,796 | 1,100,125 | 543,516 | 154,339 |
| (法人分) | 32 | 857,006 | 830,644 | 1,183,178 | 556,845 | 163,754 |
| 事業税 | 32 | 4,447,896 | 4,394,136 | 6,752,859 | 2,419,689 | 1,169,147 |
| 個人事業税 | 32 | 201,326 | 216,493 | 286,151 | 74,702 | 57,110 |
| 法人事業税 | 32 | 4,246,571 | 4,163,100 | 6,476,349 | 2,240,378 | 1,135,812 |
| 地方消費税 | 15 | 2,406,681 | 2,528,247 | 2,641,903 | 806,973 | 433,979 |
| 道府県税 | 32 | 13,575,893 | 14,256.62 | 18,664,187 | 7,390,272 | 2,783,699 |
| 市町村民税 | 32 | 8,179,696 | 8,507,121 | 10,308,910 | 4,187,071 | 1,591,560 |
| 個人均等割 | 32 | 109,050 | 102,915 | 181,583 | 52,936 | 40,821 |
| 所得割 | 32 | 5,765,916 | 5,996,896 | 7,352,258 | 2,837,147 | 1,198,145 |
| (個人分) | 32 | 5,874,965 | 6,141,406 | 7,445,011 | 2,890,083 | 1,224,615 |
| 法人均等割 | 32 | 308,466 | 368,597 | 413,217 | 37,852 | 116,823 |
| 法人税割 | 32 | 1,996,261 | 1,911,485 | 3,083,379 | 1,259,136 | 480,997 |
| (法人分) | 32 | 2,304,727 | 2,206,311 | 3,351,908 | 1,296,988 | 519,570 |
| 固定資産税 | 32 | 7,046,754 | 8,413,884 | 9,243,701 | 2,684,062 | 2,192,128 |
| (土地) | 32 | 2,869,156 | 3,399,445 | 3,798,653 | 1,191,484 | 857,226 |
| (家屋) | 32 | 2,816,856 | 3,272,989 | 3,868,179 | 944,187 | 940,935 |
| (償却資産) | 32 | 1,359,180 | 1,596,180 | 1,764,280 | 498,391 | 413,478 |
| 市町村税 | 32 | 17,699,830 | 19,576,264 | 21,630,478 | 8,503,536 | 3,781,392 |
| 地方税 | 32 | 31,275,723 | 33,633,150 | 40,266,817 | 15,893,808 | 6,447,361 |

## 4 推計結果

表2-3は，実質GDPに対する税収の所得弾力性の推計結果をまとめている。安定性が高いのは，統計的に有意に1未満の短期的所得弾力性係数が推計されている場合である。逆に，統計的に有意に1を上回る係数が推計される場合は，安定性が低いことになる。1に等しくなる場合には，短期的な意味で，税収はGDPの変化に対して中立的と判断される。ここでは，小数第2

表2-3 実質GDPに対する税収の所得弾力性の推計結果

| 変数 | 安定性 弾力性係数 | R2 | 伸張性 弾力性係数 | R2 |
|---|---|---|---|---|
| 道府県民税 | 1.848 * (0.754) | 0.172 | 0.966 ** (0.176) | 0.501 |
| 個人均等割 | 0.348 (0.618) | 0.011 | 1.839 ** (0.229) | 0.683 |
| 所得割 | 0.823 (0.883) | 0.029 | 0.782 ** (0.228) | 0.282 |
| （個人分） | 0.816 (0.868) | 0.030 | 0.798 ** (0.226) | 0.294 |
| 法人均等割 | 1.508 (1.234) | 0.049 | 4.104 (0.261) | 0.888 |
| 法人税割 | 2.824 ** (0.905) | 0.251 | -0.139 (0.209) | 0.014 |
| （法人分） | 2.467 ** (0.796) | 0.249 | 0.167 (0.179) | 0.028 |
| 事業税 | 3.238 ** (0.901) | 0.308 | 0.109 (0.271) | 0.005 |
| 個人事業税 | 1.690 ** (0.454) | 0.323 | 1.311 ** (0.161) | 0.688 |
| 法人事業税 | 3.327 ** (0.945) | 0.299 | 0.055 (0.280) | 0.001 |
| 地方消費税 | 1.281 (0.588) | 0.302 | 0.592 * (0.198) | 0.426 |
| その他の道府県税 | 0.546 (0.292) | 0.108 | 0.356 ** (0.105) | 0.276 |
| 道府県税の合計 | 1.578 ** (0.397) | 0.353 | 0.838 ** (0.084) | 0.768 |
| 市町村民税 | 1.680 ** (0.320) | 0.476 | 0.702 ** (0.113) | 0.942 |
| 個人均等割 | 0.400 (0.482) | 0.023 | 1.513 ** (0.186) | 0.687 |
| 所得割 | 1.202 ** (0.407) | 0.231 | 0.818 ** (0.101) | 0.684 |
| （個人分） | 1.190 ** (0.400) | 0.234 | 0.832 ** (0.098) | 0.704 |
| 法人均等割 | 2.034 (1.195) | 0.091 | 3.224 (0.273) | 0.823 |
| 法人税割 | 3.407 ** (0.827) | 0.369 | 0.065 ** (0.236) | 0.003 |
| （法人分） | 3.062 ** (0.702) | 0.396 | 0.359 (0.204) | 0.093 |
| 固定資産税 | 0.370 (0.240) | 0.076 | 1.701 ** (0.080) | 0.938 |
| （土地） | 0.356 (0.230) | 0.076 | 1.650 ** (0.079) | 0.935 |
| （家屋） | 0.211 (0.278) | 0.019 | 1.541 ** (0.094) | 0.900 |
| （償却資産） | 0.474 (0.318) | 0.071 | 1.885 ** (0.082) | 0.946 |
| その他の市町村税 | -0.021 (0.309) | 0.000 | 0.261 ** (0.062) | 0.372 |
| 市町村税の合計 | 0.924 * (0.180) | 0.476 | 1.008 ** (0.046) | 0.942 |
| 地方税の合計 | 1.215 ** (0.229) | 0.492 | 0.935 ** (0.054) | 0.909 |

（注）（ ）は弾力性係数の標準誤差。＊は5％有意水準，＊＊は1％有意水準を表す。

### 表2-4　名目GDPに対する税収の所得弾力性の推計結果

| 変数 | 安定性 弾力性係数 | R2 | 伸張性 弾力性係数 | R2 |
|---|---|---|---|---|
| 道府県民税 | 1.470 * (0.618) | 0.163 | 1.007 ** (0.148) | 0.608 |
| 個人均等割 | 0.295 (0.491) | 0.012 | 1.574 ** (0.221) | 0.629 |
| 所得割 | 0.456 (0.717) | 0.014 | 0.787 ** (0.193) | 0.357 |
| （個人分） | 0.456 (0.705) | 0.014 | 0.799 ** (0.192) | 0.367 |
| 法人均等割 | 2.422 * (0.923) | 0.192 | 3.146 ** (0.217) | 0.892 |
| 法人税割 | 1.736 * (0.770) | 0.149 | 0.200 (0.155) | 0.053 |
| （法人分） | 1.628 ** (0.668) | 0.170 | 0.432 (0.134) | 0.258 |
| 事業税 | 2.501 ** (0.748) | 0.278 | 0.493 * (0.202) | 0.165 |
| 個人事業税 | 1.889 ** (0.337) | 0.520 | 1.443 ** (0.094) | 0.888 |
| 法人事業税 | 2.545 ** (0.785) | 0.266 | 0.452 * (0.210) | 0.134 |
| 地方消費税 | 1.327 (0.623) | 0.292 | 0.173 (0.326) | 0.023 |
| その他の道府県税 | 0.483 (0.316) | 0.075 | 1.303 ** (0.117) | 0.806 |
| 道府県税の合計 | 1.383 ** (0.326) | 0.383 | 0.967 ** (0.067) | 0.875 |
| 市町村民税 | 1.318 ** (0.305) | 0.548 | 0.870 ** (0.087) | 0.968 |
| 個人均等割 | 0.325 (0.379) | 0.025 | 1.342 ** (0.183) | 0.642 |
| 所得割 | 1.405 ** (0.358) | 0.227 | 0.963 ** (0.081) | 0.826 |
| （個人分） | 1.032 ** (0.353) | 0.228 | 0.971 ** (0.079) | 0.833 |
| 法人均等割 | 2.338 * (0.921) | 0.182 | 2.824 ** (0.214) | 0.853 |
| 法人税割 | 2.299 ** (0.725) | 0.258 | 0.389 * (0.176) | 0.140 |
| （法人分） | 2.163 ** (0.614) | 0.300 | 0.610 ** (0.152) | 0.349 |
| 固定資産税 | 0.829 ** (0.181) | 0.421 | 1.665 ** (0.059) | 0.963 |
| （土地） | 0.806 ** (0.174) | 0.424 | 1.624 ** (0.060) | 0.960 |
| （家屋） | 0.788 ** (0.204) | 0.039 | 1.778 ** (0.081) | 0.942 |
| （償却資産） | 0.821 ** (0.256) | 0.262 | 1.778 ** (0.081) | 0.942 |
| その他の市町村税 | 0.845 (0.919) | 0.028 | 0.537 ** (0.052) | 0.781 |
| 市町村税の合計 | 0.964 * (0.163) | 0.548 | 1.116 ** (0.037) | 0.968 |
| 地方税の合計 | 1.147 ** (0.197) | 0.538 | 1.051 ** (0.044) | 0.950 |

（注）（　）は弾力性係数の標準誤差，＊は5％有意水準，＊＊は1％有意水準を表す。

位を四捨五入することによって1.0が得られる場合を中立的と判断した。安定性が高い税は，市町村税の合計のみである。安定性が低い税は，道府県民税，道府県民税法人税割，法人道府県民税，事業税，個人事業税，法人事業税，道府県税の合計，市町村民税，市町村民税所得割，個人市町村民税，市町村民税法人税割，法人市町村民税，地方税の合計である。その他は統計的に有意な結果を示しておらず，したがって，短期的な意味で税収とGDPの間に明確な関係を認めることができないことになる。

　伸張性が高いのは，統計的に有意に1を超える長期的所得弾力性係数が推計されている場合である。伸張性が高い税は，道府県民税個人均等割，道府県民税法人均等割，個人事業税，市町村民税個人均等割，市町村民税法人均等割，固定資産税，土地に対する固定資産税，家屋に対する固定資産税，償却資産に対する固定資産税である。逆に，統計的に有意に1未満の係数を得た場合は，伸張性が低いことになる。伸張性が低い税は，道府県民税所得割，個人道府県民税，地方消費税，その他の道府県税，道府県税の合計，市町村民税，市町村民税所得割，個人市町村民税，その他の市町村税，地方税の合計である。弾力性係数が1の場合には長期的な意味で税収は中立的といえる。道府県民税，市町村税の合計は中立的である。その他は統計的に有意な結果を示しておらず，長期的な意味で税収とGDPとの間に明確な関係を認めることができないことになる。

　表2-4は，名目GDPに対する税収の所得弾力性の推計結果を示している。安定性と伸張性の判断基準は，表2-3と同じである。安定性が高い税は，固定資産税，土地に対する固定資産税，家屋に対する固定資産税，償却資産に対する固定資産税である。安定性が低い税は，道府県民税，道府県民税法人均等割，道府県民税法人税割，法人道府県民税，事業税，個人事業税，法人事業税，道府県税の合計，市町村民税，市町村民税法人均等割，市町村民税法人税割，法人市町村民税，地方税の合計である。短期的に中立的な税は，市町村民税所得割，個人市町村民税，市町村税の合計である。その他にはGDPの変化との間に明確な関係を認められない。

　また，伸張性の高い税は，道府県民税個人均等割，道府県民税法人均等割，個人事業税，その他の道府県税，市町村民税個人均等割，市町村民税法人均

等割，固定資産税，土地に対する固定資産税，家屋に対する固定資産税，償却資産に対する固定資産税，市町村税の合計，地方税の合計である。伸張性が低い税は，道府県民税所得割，個人道府県民税，法人道府県民税，事業税，法人事業税，市町村民税，市町村民税法人税割，法人市町村民税，その他の市町村税である。長期的に中立的な税は，道府県民税，道府県民税の合計，市町村民税所得割，個人市町村民税である。長期的な観点でGDPの変化との間に明確な関係を認められない税は，道府県民税法人税割，地方消費税である。

## 5 考　察

　本章は，税収の短期的所得弾力性と長期的所得弾力性を用いて，地方税の安定性と伸張性を推計した。税収額をもっとも単純に表わせば，「課税ベース×税率」である。したがって，税率に変化がなければ，税収額の変化と課税ベースの変化は等しくなる。つまり，税率が一定のとき，課税ベースとGDPが同じように変化するならば，税収の所得弾力性は短期も長期も1になるのである。このとき，短期的にも長期的にも税収はGDPの変化に対して中立的ということになる。しかしながら，実際には，税収の変化が中立的になることは少ない。これは，課税ベースとGDPの変化に違いがあることを示唆している。

　課税ベースとGDPの変化が異なる要因は，次の2つに分けられる。第1に，課税ベースそのものの要因である。たとえば，個人住民税所得割の課税ベースの中心は給与所得である。給与所得とGDPが密接な関係で変化することは想像できたとしても，必ずしも両者の変化が一致するとは限らない。また，土地の固定資産税の課税ベースは土地の時価である。土地価格とGDPの変化は異なることが多い。このような課税ベースとGDPの変化の違いが税収とGDPの変化を乖離させ，その結果，税収の変化が中立的でなくなるのである。第2の要因は，地方税の制度である。毎年度実施される税制改正は，税収の変化の仕方を変える。景気対策などを理由にした政策税制も税収を変

化させる。この他に個人住民税の課税最低限や非課税限度額の仕組み，固定資産税の負担調整措置なども，税収額の変化の仕方に影響を及ぼしていると考えられる。

　ここで重要なことは，課税ベースの選択も制度の一環といえることである。GDPの変化に対してどのような変化の仕方をする課税ベースを選ぶのかは，制度設計の問題である。この意味では，制度が税収の変化を決めるといえる。税収の安定性と伸張性にとってもっとも重要なのは制度である。

　実質額（表2-3）と名目額（表2-4）はおおむね同じ結果を得ているが，統計的に有意な結果を多く示しているのは名目額による推計である。これは，税収の決定要因が名目経済成長率であるからかもしれない。そうであれば，税収の安定性や伸張性の推計は名目額によることが望ましいことになる。

　以下では，名目額による推計結果を中心に，税収の安定性と伸張性を考察する。図2-1と図2-2からは名目額による税収の安定性，図2-3と図2-4からは名目額による税収の伸張性をイメージすることができる。ここでは，これらの図とあわせて，表2-4の結果を考察する。

　名目額による推計で統計的に有意な結果を示すことができなかったのは，個人道府県民税，地方消費税，市町村民税個人均等割の安定性と，道府県民税法人税割，地方消費税の伸張性である。統計的に有意な結果を得られないとき，推計期間を長くしたり説明変数を増やすことで対処することがある。しかしながら，本章ではこの対処を行なわない。本章の推計期間は1980年度から2011年度であり，それなりに十分といえる。説明変数はGDPのひとつであるが，所得弾力性の推計では珍しくはない。したがって，本章は推計方法に手を加えるのではなく，結果をそのまま受け入れて解釈する。つまり，統計的に有意な結果を得られない税は，GDPの変化との間に明確な関係を持たないと解釈するのである。これが示唆するのは，GDPの変化と関わりなく税収が変化していることである。

　住民税は，個人と法人に対する均等割課税と所得課税からなる。均等割課税は負担分任の精神を顕現することを目的として課されており，税収の調達よりも広く住民に負担を求めることを意図している。所得課税は個人の所得割と法人の法人税割からなり，収入源として期待されているのはこちらであ

る。しかし，第1章で確認したように，法人税割からの収入はそんなに多くない[33]。実際の税収規模からすれば，収入の主体は個人の所得割のみといえる。

　均等割課税では，個人均等割（道府県民税個人均等割，市町村民税個人均等割）の安定性において，GDPの変化との間に明確な関係を認めることができなかった。これは，短期的な景気循環とは明確な関係なく個人均等割が変動していることを示唆している。基本的に，個人均等割は所得の変化に応じて税負担が変わるものではない[34]。したがって，個人均等割がGDPの変化と明確な関係をもたないという結果は理解しやすい。一方，長期的には，個人均等割は伸張性が高かった。これは，長期的な意味で個人均等割が経済成長を上回るペースで税収を増加させてきたことを意味する。長期的に個人均等割の税収を増加させる要因は，納税義務者数の増加である。したがって，個人均等割の伸張性が高いことは，この間に個人住民税の納税義務者数が経済成長のペースを上回って増えたことを示唆している。

　法人均等割は，短期的にも長期的にも，税収の所得弾力性が高かった。したがって，安定性は低いが伸張性は高いといえる。

　所得割課税は，道府県分と市町村分で結果が異なっている。道府県民税所得割は，短期的にはGDPの変化と明確な関係はないが，長期的には伸張性が低い。市町村民税所得割は，短期的にも長期的にも中立的である。所得割において道府県分と市町村分の仕組みが異なるのは，税率のみである。したがって，道府県分と市町村分の結果の違いは，税率の違いに原因を求めるしかない。これは，税率の調整によって税収の安定性や伸張性をコントロールできる可能性を示している。推計期間における道府県分と市町村分の税率の相違で大きなものは，税率構造の累進度である。市町村分の累進度が高い。2007年以降はいずれも比例税率化されている。累進度の低下が伸張性を低下させることは想像しやすいが，安定性にもマイナスの影響を及ぼすのかも

---

33　第1章第2-2節を参照。
34　非課税等の扱いがあるので，所得の変化とまったく関係をもたないわけではない。大きく所得水準が変化した場合には，均等割の納税義務者数そのものが変化し，GDPの動きと関連をもつ可能性はある。

# 5 考察

しれない。

　法人税割は，基本的に法人税への上乗せとして計算される。推計結果によると道府県分も市町村分も安定性が低いが，これはしばしば言われる「法人課税は税収が不安定である」との見解に一致する。一方で，高いとされる伸張性は，道府県分でGDPの変化と明確な関係はなく，市町村分で伸張性が低い。法人税割のこのような結果は，景気対策や企業活動のグローバル化を理由にした度重なる法人税負担の削減によるものと考えられる。政策税制的な法人税負担の軽減は，安定性と伸張性の両方の観点で法人税割の税収調達機能を失わせたといえる。

　事業税は個人と法人に対する税からなるが，収入の中心は法人への税である。法人事業税は部分的に外形標準課税を採用しており，税の趣旨や課税根拠が法人住民税の法人税割とは異なる。しかしながら，現在のところその実態は法人所得に対する課税である。法人事業税の推計結果は，安定性も伸張性も低かった。この結果は，法人住民税と一致する。

　法人住民税と法人事業税は合わせて，地方法人2税と呼ばれる。地方法人2税は，最近の地方税改革の焦点のひとつである。そこでは，地方法人2税は税収の安定性が低いので税収の安定性を志向する地方税には適さないという見解がしばしば主張される。本章は，外形標準課税を含んでいる法人事業税も，法人税割と同様に，税収の安定性だけでなく伸張性も低いことを示した[35]。

　地方消費税は，短期的にも長期的にも，GDPの変化とは明確な関係を認められなかった。図2-3を見ると，地方消費税は一定の水準を維持し続けているように見える。これは，地方消費税がGDPの変化とほとんど関係なく，ある意味では極めて安定的に税収を確保し続けていることを示唆している。

　固定資産税は，土地，家屋，償却資産のすべてで安定性が高く，伸張性も高かった。この結果には，驚きがあるかもしれない。地方税原則は固定資産税に安定性のみを期待している。固定資産税は，その期待を上回って，伸張

---

[35] 本章の推計期間は1980年度から2011年度であり，法人事業税に外形標準課税が導入されたのは2004年度からである。したがって，外形標準課税の効果は十分には反映されていないかもしれない。

性も高いのである。安定性と伸張性の伝統的見解に反して，安定性と伸張性が両立しているのである。安定性と伸張性が両立することは，あり得るのである。

　土地の固定資産税の中心は，宅地の固定資産税である。したがって，固定資産税の税収を順調に確保するには，宅地の固定資産税が順調でなければならない。土地の固定資産税の安定性と伸張性には，宅地の7割評価の導入が影響しているかもしれない。また，家屋の固定資産税が税収を確保するには，家屋の新増分がなければならない。したがって，住宅や商業施設などが堅調に増えていたことが推察される。現在，償却資産の固定資産税は，もっとも関心を集めている。償却資産課税は実質的に企業課税であるとして，経済団体などから強い廃止の要望が出ている。確かに償却資産に対する固定資産税は，企業設備に対する課税である。そうであればなおさら，企業課税である償却資産税が税収の安定性も伸張性も高いという結果は，興味深い。償却資産課税に外形標準課税の性格を見出すならば，税収の安定性も伸張性も高いような企業課税の方法のヒントがここにあるかもしれない。

　道府県税の合計は，短期的には安定性が低いが，長期的には中立的である。市町村税の合計は，短期的に中立的であり，長期的には伸張性が高い。道府県税と市町村税を比べると，市町村税の方が望ましい結果といえる。道府県税が法人課税に多くを依存していることや市町村税には固定資産税があることなどがこれらに影響していると考えられる。

　地方税の全体は，短期的に安定性が低いが，長期的には伸張性が高い。しかし，伸張性が高いといっても，その所得弾力性係数は1.1である。税制調査会(2000)は「過去の長期的な平均値」として地方税の所得弾力性を1.0としている。「長期的な」という表現からこれが伸張性を意味すると理解すれば，本章の結果はおおむねこれと整合的である。

## 6 おわりに

　本章は，地方税収の安定性と伸張性を明らかにすることを目的に，税収の

## 6 おわりに

短期的所得弾力性と長期的所得弾力性を推計した。実質額と名目額の2通りの方法で推計を行い，結果を比較して，名目決算額による推計結果を採用した。これは，税収の決定要因は名目GDPであるという見解にも整合的である。主な結果として，地方法人2税は安定性も伸張性も低く，逆に，固定資産税は安定性も伸張性も高いことを示した。地方消費税は，短期的にも長期的にもGDPの変化と明確な関係がないことも示した。また，道府県税の体系は短期的に安定性が低く長期的にはGDPの変化に対して中立的であること，市町村税の体系は短期的にGDPの変化に対して中立的であるが長期的には伸張性が高いことも示した。

本章の特徴は，税収の安定性と伸張性をそれぞれ税収の短期的所得弾力性と長期的所得弾力性によって測り，両者を明確に区別したことにある。多くの先行研究が前提としてきた素朴な伝統的見解は，安定性と伸張性がトレード・オフの関係にあるとし，両方を同時に満たす税は存在しないと考えている。もし伝統的見解を受け入れるならば，逆に，安定性と伸張性はどちらか一方が必ず満たされるはずともいえる。しかしながら，本章の結果はこれと異なり，安定性と伸張性の両方を満たさない税（地方法人2税）がある一方で，両方を満たす税（固定資産税）も存在した。

ここで注意すべきは，本章の結果は，安定性と伸張性の両方の性質を満たす（満たさない）税があることを述べるのみで，安定性（伸張性）を向上させることが伸張性（安定性）の犠牲を伴うかどうかまでは確認していないことである。伝統的見解のように安定性と伸張性に同じ尺度を使う場合には，これらを区別する必要はない。実質的に，これらは同じことになる。しかしながら，安定性と伸張性に異なる尺度を用いる場合には，これらは異なる意味をもち，明確に区別されねばならない。この課題は，第3章で取り組む。

# 第3章　地方税の安定性と伸張性の関係

## 1　はじめに

### 1-1　本章の目的

　本章の関心は，税収の安定性と伸張性の関係にある。第2章は地方法人2税が安定性も伸張性も低いことを示した。それでは，地方法人2税の安定性を高めると，その伸張性はどうなるだろうか。安定性の改善は伸張性を犠牲にするだろうか。それとも，伸張性の犠牲なしで安定性を高めることができるだろうか。これを確認するのが本章の目的である。

　税収の安定性と伸張性の関係に関する支配的な見解は，両者は常に背反するから両方の性質を同時に満たすことは不可能である(伝統的見解)としたり，必ずしも両立する可能性を否定するわけではないが，実際のところは安定性と伸張性は相反する傾向にあるとするものである[1]。とりわけ伝統的見解は，安定性と伸張性に表裏一体の関係を想定し，税収の安定性が高い税は必ず伸張性が低く，安定性を高めることは同時に伸張性を低めるとする。税収の安定性と伸張性のトレード・オフの関係を認める点では，どちらの見解も同じ意味である。しかしながら，伝統的見解を前提としなければ，安定性と伸張性にこのような一体的な関係を認める必要はない。安定性が高く伸張性が低い税の伸張性を高めることは，必ずしも安定性を低下させることにならない。本章の動機は，この可能性を探ることにある。

　本章の構成は次のとおりである。第1節の残りの部分は，税収の安定性と伸張性の関係を分析した先行研究の成果を(第2章との重複を避けて)簡単に

---

[1] 第2章第2節を参照。

整理する。Holcombe and Sobel(1997)は，Sobel and Holcombe (1996)の考え方で税収の安定性と伸張性を推計し，相関係数を使って税収の安定性と伸張性の関係を確かめている[2]。本章は，Holcombe and Sobel(1997)の方法に従って，税収の安定性と伸張性の関係を相関係数によって確認する。第2節は，本章の分析方法とデータを説明する。ここでは，個別税目の安定性と伸張性の関係を確認するために都道府県別の税収の安定性と伸張性の相関係数を使い，地方税の体系の安定性と伸張性の関係を確認するためにパネルデータ推計から得られた税収の安定性と伸張性の相関係数を使う。推計結果を第3節で示し，第4節でそれを考察する。第5節は，本章をまとめる。

本章は，主にIshida(2013)をベースにしているが，名目額による推計，推計期間，パネルデータの使用などが異なっている。名目額で推計する理由は，第2章の考察で述べたとおりである。

### 1-2 税収の安定性と伸張性の関係の考え方

本章は，Holcombe and Sobel(1997)の方法で税収の安定性と伸張性の関係を確認する。したがって，ここでは，彼らの考え方を説明することで本章の分析の意味を説明する。

第2章と同様に，本章は税収の短期的所得弾力性で安定性を測り，税収の長期的所得弾力性で伸張性を測る。一応確認しておくと，経済は短期的なGDPの変化による景気循環を伴いながら，長期的な傾向として経済規模を拡大させて成長する。前者の短期的な景気循環に対応するのが税収の安定性であり，後者の長期的な経済成長に対応するのが税収の伸張性である。これを税収の所得弾力性で表現すると，税収の短期的所得弾力性が1よりも小さいときに税収の安定性が高く，1よりも大きいときに安定性が低いことになる。また，税収の長期的所得弾力性が1よりも大きいとき税収の伸張性が高く，1よりも小さいときに伸張性が低いことになる。

---

[2] Holcombe and Sobel(1997)は，Sobel and Holcombe (1996)の内容を含んでいる。本章(Ishida(2013))と第2章(Ishida(2011))の関係は，これらの関係と同じである。

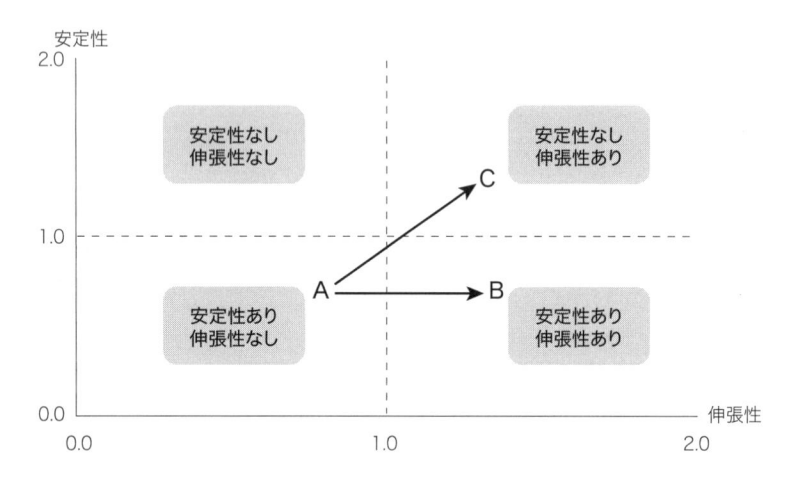

## 図3-1 税収の安定性と伸張性の関係

　図3-1は，横軸に税収の伸張性(税収の長期的所得弾力性)，縦軸に税収の安定性(税収の短期的所得弾力性)を測ることで，税収の安定性と伸張性の関係を表している。横軸上と縦軸上の所得弾力性が1のところに点線を引いている。横軸で1より右の領域は伸張性が高く，左の領域は伸張性が低いことを意味する。縦軸で1より上の領域は安定性が低く，下の領域は安定性が高いことを意味する。たとえば，点Aの税は安定性が高く，伸張性は低いということになる。第2章の推計は，固定資産税が安定性も伸張性も高いことを示した。これは，固定資産税を点Bに位置することで示される。

　税制調査会(1961)や横田(1989)は，個別税目の安定性と伸張性を確認し，その組み合わせによって安定性と伸張性の関係を捉えている。これを図3-1でいえば，グラフ上の点によって安定性と伸張性の関係を述べることになる。Holcombe and Sobel(1997)は，安定性と伸張性の関係を相関係数によって捉える。図3-1でいえば，点ではなく，傾きである。傾きは，たとえば点Aの税の伸張性を向上させたとき，その税が点Bに移動するのか，それとも点Cに移動するのかを意味する。点Aから点Cへの移動ならば，伸張性の改善は安定性の犠牲を伴うことになる。このとき，安定性と伸張性はトレード・オフの関係にある。そうではなく点Aから点Bへの移動ならば，安定性

の犠牲なしで伸張性を改善できることになり，安定性と伸張性はトレード・オフの関係にないことになる。

　日本の地方税を対象にして税収の安定性と伸張性の関係を分析した先行研究は，近年，ほとんど存在しない。地方税の安定性への政策論的な関心の高さを考えると不思議なくらいである。その理由のひとつは，第2章で堀場等(2013)の引用によって述べたのと同様であろう。安定性を定量的に分析することがなければ，安定性と伸張性の関係を定量的に分析することもない。それに加えて，先行研究の成果がすでに定説として受け入れられてしまい，新たに研究として取り組みにくい状況もあるかもしれない。税制調査会(1961)は，安定性の高い税は伸張性が低い傾向にあり，伸張性の高い税は偏在性が高い傾向があることなどを示した。横田(1989)も同様の傾向があることを確認している。定説化したこれらの結果に対して何らかの驚きをもたらすものでない限りは，通常，そこに研究上の価値は認められにくい。しかし，税収の安定性と伸張性は，常に今日的な課題である。たとえテクニックに新規性がなく得られる結果に新しさがなくとも，背景にある経済環境が異なり地方税の制度自体が変化しているならば，そのときそのときで税収の安定性を確認し安定性と伸張性の関係を明らかにしていくことに一定の価値を認めてよいと考える。

　安定性と伸張性の関係で予想される結果のパターンは次の3つである。第1は，安定性と伸張性が有意に正の相関関係をもつと認められるときである。これは，税収の安定性と伸張性の間にトレード・オフの関係が存在することを意味する。図3-1では，点Aから点Cへの移動がこのケースである。先行研究の支配的な見解から予想すると，この結果を得る可能性がもっとも高い。本章は相関係数を使うことから，トレード・オフの有無だけでなく，その大きさも確認できる。第2は，安定性と伸張性の間に有意な相関関係を認めることができない場合である。第2章では，いくつかの税で税収とGDPの変化の間に有意な関係を見出すことができなかった。短期的あるいは長期的な税収の変化に何らかの規則性を見出すことができないとすれば，短期と長期の税収の変化の間にも明確な関係を認められないこともあり得る。このときには，安定性(伸張性)の改善が伸張性(安定性)にどのような影響を与え

るかを一定の傾向として予測するのは困難である。第3は，安定性と伸張性が有意に負の相関関係をもつと認められる場合である。このときには，安定性の改善は同時に伸張性も改善させることになり，一石二鳥といえる。望ましさからすればもっとも都合の良い結果であるが，先行研究の成果からするとこの可能性はあまり高くなさそうである。

## 2 方法とデータ

　本章は，Holcombe and Sobel(1997)の考え方を踏まえて，都道府県別データによる安定性と伸張性の相関係数で個別税目の税収の安定性と伸張性の関係を確認し，パネルデータによる安定性と伸張性の相関係数でタックス・ミックスの観点からの税収の安定性と伸張性の関係を確認する。安定性と伸張性の尺度は，第2章と同様に，それぞれ税収の短期的所得弾力性と税収の長期的所得弾力性を使う。具体的な手順は以下のようになる。

　個別税目の安定性と伸張性の推計では，都道府県別に集計した税収の名目決算額と名目県内総生産額を用いて，次の式によって，税収の所得弾力性を推計する。

$$\ln(R_t) = \alpha + \beta \ln(Y_t) + \varepsilon_t \cdots (1)$$
$$\Delta\ln(R_t) = \alpha + \beta \Delta\ln(Y_t) + \varepsilon_t \cdots (2)$$

　ただし，$R_t$は$t$年度の名目税収額，$Y_t$は$t$年度の名目県内総生産額，$\Delta$は1階の差分，$\varepsilon_t$は誤差項である。(1)式と(2)式の係数$\beta$は，県内総生産に対する税収の所得弾力性を示す。(1)式の$\beta$は，税収の長期的所得弾力性であり伸張性を表す。(2)式の$\beta$は，税収の短期的所得弾力性であり安定性を表す。これらは，第2章の(1)式，(2)式と同じ形である。

　都道府県別に税収の安定性や伸張性を推計するのは，これをクロス・セクションで利用して安定性と伸張性の相関係数を計算するためであり，もっぱら技術的な理由からである。しかしながら，都道府県別の推計は全国的な経

済の変化による影響を排除して，地域経済の動きを反映した税収の所得弾力性を推計できるという積極的な意味もある。これによって，地方団体の実感に近い推計ができることになる。Holcombe and Sobel(1997)は，これを「国の景気循環とは異なる部分を排除して州の景気循環に対する反応を示すことになるので，州の経済の変動に対する反応に特化し推計が可能となる」[3]としてその意義を述べている。

(1)式と(2)式による税収の所得弾力性の推計からは，都道府県別にそれぞれの税の短期と長期の税収の所得弾力性が得られる。これらの短期と長期の税収の所得弾力性の相関係数を税目ごとに計算することによって，各税の安定性と伸張性の関係を確認できる。有意な結果が得られた場合，0.4未満の相関係数は弱い正の相関，0.4以上0.7未満は正の相関，0.7以上は強い正の相関として，それぞれ弱いトレード・オフ，トレード・オフ，強いトレード・オフと解釈できる。有意な結果が得られなかった場合は，安定性と伸張性の間には明確な関係が認められなかったことになる。

都道府県別名目税収額と名目県内総生産額をパネルデータとして使うと，全国を通じた各税の安定性と伸張性を推計できる。これらの各税の安定性と伸張性から相関係数を計算すると，タックス・ミックスとしての税体系の安定性と伸張性の関係を捉えることができる。パネルデータの推計式は，2方向固定効果モデルを用いる。2方向固定効果モデルによる短期と長期の税収の所得弾力性の推計式は，それぞれ次のようになる。

$\ln(R_t) = \alpha + \beta \ln(Y_t) + u_{it}, \ u_{it} = \mu_i + \lambda_t + \varepsilon_{it} \cdots (3)$
$\Delta \ln(R_{it}) = \alpha + \beta \Delta \ln(Y_{it}) + u_{it}, \ u_{it} = \mu_i + \lambda_t + \varepsilon_{it} \cdots (4)$

ただし，$R_{it}$は都道府県$i$の$t$年度の名目税収額，$Y_{it}$は都道府県$i$の$t$年度の名目県内総生産額，$u_{it}$は観察不可能な効果，$\mu_i$は個別個体効果，$\lambda_t$は時間効果，$\Delta$は1階の差分，$\varepsilon_{it}$は誤差項である。$\beta$は，税収の所得弾力性であり，その解釈は(1)式，(2)式と同じである。

---

3 Holcombe and Sobel(1997)104ページ。

推計期間は，(1)式から(4)式のすべてで，1997年度から2009年度とした[4]。これは第2章よりも短いが，1997年度以降の推計はバブル経済期を含まないことを意味する。また，1997年度は地方消費税が導入され，固定資産税で新たな負担調整措置が導入されている。したがって，1997年度以降を対象とすることは，現在の地方税の体系を分析することになる。さらに，第2章

表3-1 記述統計量

|  | データ数 | 平均 | 中央値 | 最大値 | 最小値 | 標準偏差 |
|---|---|---|---|---|---|---|
| 道府県民税 | 611 | 17.803 | 17.609 | 20.891 | 16.246 | 0.926 |
| 　個人均等割 | 611 | 13.621 | 13.512 | 15.721 | 12.268 | 0.799 |
| 　所得割 | 611 | 17.383 | 17.207 | 20.494 | 15.793 | 0.950 |
| 　（個人分） | 611 | 17.407 | 17.233 | 20.502 | 15.822 | 0.946 |
| 　法人均等割 | 611 | 14.547 | 14.370 | 16.926 | 13.486 | 0.736 |
| 　法人税割 | 611 | 15.925 | 15.723 | 19.577 | 13.976 | 0.984 |
| 　（法人分） | 611 | 16.159 | 15.945 | 19.644 | 14.481 | 0.933 |
| 事業税 | 611 | 17.760 | 17.552 | 21.133 | 15.974 | 0.960 |
| 　個人事業税 | 611 | 14.710 | 14.418 | 17.866 | 12.922 | 1.002 |
| 　法人事業税 | 611 | 17.709 | 17.506 | 21.095 | 15.925 | 0.960 |
| 地方消費税 | 611 | 17.344 | 17.175 | 19.805 | 15.000 | 0.842 |
| その他の道府県税 | 611 | 18.021 | 17.869 | 19.911 | 16.590 | 0.741 |
| 道府県税の合計 | 611 | 19.173 | 18.925 | 21.937 | 17.799 | 0.842 |
| 市町村民税 | 611 | 18.455 | 18.246 | 20.562 | 16.999 | 0.858 |
| 　個人均等割 | 611 | 14.482 | 14.343 | 16.502 | 13.077 | 0.788 |
| 　所得割 | 611 | 18.142 | 17.955 | 20.341 | 16.632 | 0.873 |
| 　（個人分） | 611 | 18.168 | 17.986 | 20.360 | 16.669 | 0.870 |
| 　法人均等割 | 611 | 15.489 | 15.288 | 17.325 | 14.396 | 0.748 |
| 　法人税割 | 611 | 16.793 | 16.641 | 19.260 | 14.897 | 0.873 |
| 　（法人分） | 611 | 17.040 | 16.870 | 19.364 | 15.371 | 0.841 |
| 固定資産税 | 611 | 18.591 | 18.368 | 20.460 | 17.285 | 0.777 |
| 　（土地） | 611 | 17.558 | 17.335 | 19.808 | 16.056 | 0.866 |
| 　（家屋） | 611 | 17.743 | 17.535 | 19.466 | 16.534 | 0.737 |
| 　（償却資産） | 611 | 17.006 | 16.991 | 18.622 | 15.688 | 0.746 |
| その他の市町村税 | 611 | 17.191 | 16.988 | 19.456 | 13.836 | 0.950 |
| 市町村税の合計 | 611 | 19.353 | 19.115 | 21.326 | 17.999 | 0.825 |
| 地方税 | 611 | 19.968 | 19.706 | 22.133 | 18.599 | 0.836 |
| 県内総生産 | 611 | 15.782 | 15.570 | 18.357 | 14.451 | 0.820 |

---

4 執筆時点で，『県民経済計算』の入手可能な最新データは2009年度までであった。

の考察を踏まえて、税収額と生産額はすべて名目額とした[5]。都道府県別の名目税収額は総務省『地方財政統計年報』(各年度版)によって、道府県税は都道府県別の収入額をそのまま用い、市町村税は団体規模別に記載された収入額を都道府県別に集計した。地方消費税のみ、収入額ではなく、清算額を用いた。県内総生産額は、内閣府『県民経済計算』から都道府県別の名目県内総生産額を用いた。名目額による分析で1997年度以降の地方税に関心をもつことは、堀場他(2013)と同様である[6]。これらの記述統計量は表3-1に示している。

## ③ 推計結果

### 3-1 個別税目の安定性と伸張性の関係

図3-2から図3-8は、(1)式と(2)式によって推計した都道府県別の短期と長期の税収の所得弾力性を税目ごとに示した散布図である[7](煩雑さを避けるために、主な税のみ示した)。表3-2は、個別税目の安定性と伸張性の相関係数である。

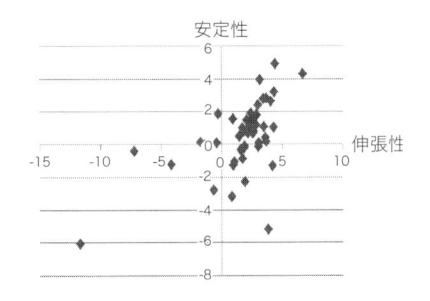

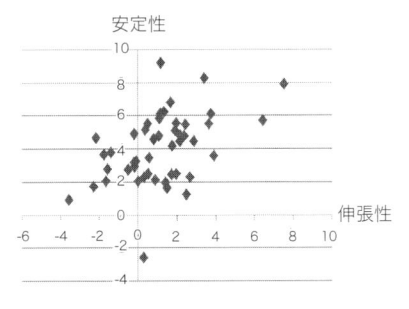

**図3-2**
道府県民税所得割の安定性と伸張性

**図3-3**
道府県民税法人税割の安定性と伸張性

---

5 本章の推計期間には、日本経済はほとんど物価上昇を示していない。したがって、実質額によっても、名目額とほとんど同じ結果であるかもしれない。
6 堀場他(2013)の、第3節は、1997年度以降の地方税の考察に充てている。
7 これらの図は、Holcombe and Sobel(1997)の図8.4に対応する。

54　第3章　地方税の安定性と伸張性の関係

**図3-4**
法人事業税の安定性と伸張性

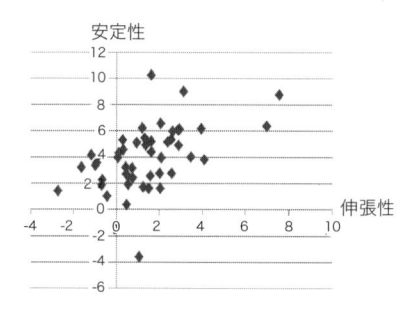

**図3-5**
地方消費税の安定性と伸張性

**図3-6**
市町村民税所得割の安定性と伸張性

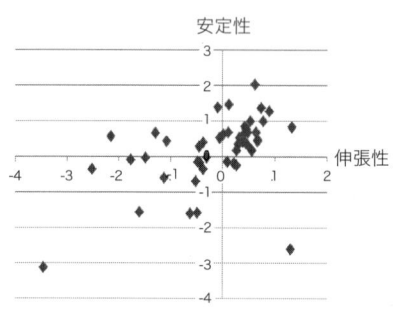

**図3-7**
市町村民税法人税割の安定性と伸張性

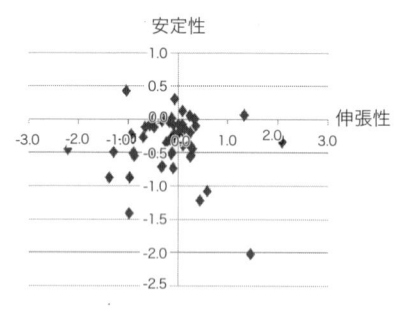

**図3-8**
固定資産税の安定性と伸張性

表3-2 個別税目の安定性と伸張性の関係の推計結果

| 変数 | 安定性 平均 | 標準偏差 | 伸張性 平均 | 標準偏差 | トレード・オフ 相関係数 |
|---|---|---|---|---|---|
| 道府県民税 | 2.202 | 15.89 | 1.203 | 1.644 | 0.187 |
| 　個人均等割 | 0.447 | 2.063 | 2.924 | 2.587 | 0.363 * |
| 　所得割 | 0.512 | 2.131 | 1.806 | 3.010 | 0.566 ** |
| 　（個人分） | 0.518 | 2.090 | 1.845 | 2.986 | 0.568 ** |
| 　法人均等割 | 0.395 | 0.310 | 0.828 | 0.769 | 0.023 |
| 　法人税割 | 4.001 | 2.135 | 1.172 | 2.087 | 0.465 ** |
| 　（法人分） | 3.236 | 1.775 | 1.127 | 1.731 | 0.521 ** |
| 事業税 | 3.822 | 2.245 | 1.259 | 1.861 | 0.490 ** |
| 　個人事業税 | 0.358 | 0.754 | -2.189 | 2.091 | 0.203 |
| 　法人事業税 | 4.001 | 2.390 | 1.424 | 1.929 | 0.501 ** |
| 地方消費税 | 2.287 | 5.261 | 3.081 | 1.774 | 0.481 ** |
| その他の道府県税 | 0.471 | 0.326 | 1.608 | 1.234 | 0.483 ** |
| 道府県税の合計 | 1.940 | 0.734 | 0.714 | 0.793 | 0.453 ** |
| 市町村民税 | 0.795 | 0.979 | 0.176 | 0.932 | 0.475 ** |
| 　個人均等割 | 0.650 | 1.145 | 3.559 | 2.488 | 0.169 |
| 　所得割 | 0.160 | 0.985 | -0.153 | 0.992 | 0.480 ** |
| 　（個人分） | 0.172 | 0.973 | -0.055 | 0.997 | 0.475 ** |
| 　法人均等割 | 0.264 | 0.384 | 0.397 | 0.518 | 0.120 |
| 　法人税割 | 3.812 | 2.189 | 0.955 | 2.090 | 0.407 ** |
| 　（法人分） | 3.012 | 1.771 | 0.855 | 1.701 | 0.449 ** |
| 固定資産税 | -0.381 | 0.443 | -0.163 | 0.736 | 0.057 |
| 　（土地） | -0.107 | 0.457 | -0.012 | 1.414 | 0.220 |
| 　（家屋） | -0.695 | 0.599 | 0.046 | 0.408 | 0.198 |
| 　（償却資産） | -0.124 | 0.799 | -0.622 | 1.279 | 0.243 |
| その他の市町村税 | 0.107 | 0.382 | 0.364 | 0.689 | 0.063 |
| 市町村税の合計 | 0.176 | 0.501 | 0.002 | 0.521 | 0.218 |
| 地方税の合計 | 0.989 | 0.507 | 0.730 | 0.772 | 0.307 * |

（注）＊は5％有意水準，＊＊は1％有意水準を表す。

　税収の安定性と伸張性の間に低い正の相関が認められ弱いトレード・オフの関係があるといえたのは，道府県民税個人均等割である。正の相関が認められ税収の安定性と伸張性の間にトレード・オフの関係があるといえるのは，道府県民税所得割，道府県民税法人税割，法人事業税，地方消費税，市町村民税所得割，市町村民税法人税割である。強い正の相関を示した税はなかった。

一方で，道府県民税法人均等割，個人事業税，市町村民税個人均等割，市町村民税法人均等割，固定資産税(土地，家屋，償却資産)では，安定性と伸張性の間に統計的に有意な関係を認めることができなかった。これらの税では，安定性と伸張性の間には明確な関係がないといえる。

### 3-2 地方税体系の安定性と伸張性の関係

図3-9と図3-10は，(3)式と(4)式によって推計した短期と長期の税収の所得弾力性をそれぞれ道府県税と市町村税に分けて示した散布図である[8]。推計した弾力性係数等は表3-3に示している。タックス・ミックスとしての安定性と伸張性の関係は，道府県税，市町村税，地方税の区分で相関係数を計算した。その結果を表3-4で示している[9]。

推計結果は，道府県税，市町村，地方税のすべてで安定性と伸張性の間に高い正の相関を示している。したがって，道府県税，市町村税，地方税には，税の体系として，税収の安定性と伸張性の間に強いトレード・オフの関係が存在するといえる。

## 4 考 察

本章の推計は，多くの税で安定性と伸張性の間にトレード・オフの関係があることを示した。トレード・オフの関係を認めることができなかったのは，道府県民税と市町村民税の法人均等割，個人事業税，市町村民税個人均等割，固定資産税(土地，家屋，償却資産)である。さらに，タックス・ミックスの観点からは，道府県税，市町村税，地方税のすべてで安定性と伸張性の間に強いトレード・オフの関係を認めた。したがって，おおむね地方税の税収の安定性と伸張性の間にはトレード・オフの関係があるといえることになる。先行研究による見解を支持したことになる。

---

8 これらの図は，Holcombe and Sobel(1997)の図8.7に対応する。
9 2方向固定効果モデルによるパネルデータ推計からは観察不可能な効果としての個別固定効果と時間固定効果の結果も得られる。しかし，これらを示すことは煩雑なので省略した。

4 考 察　57

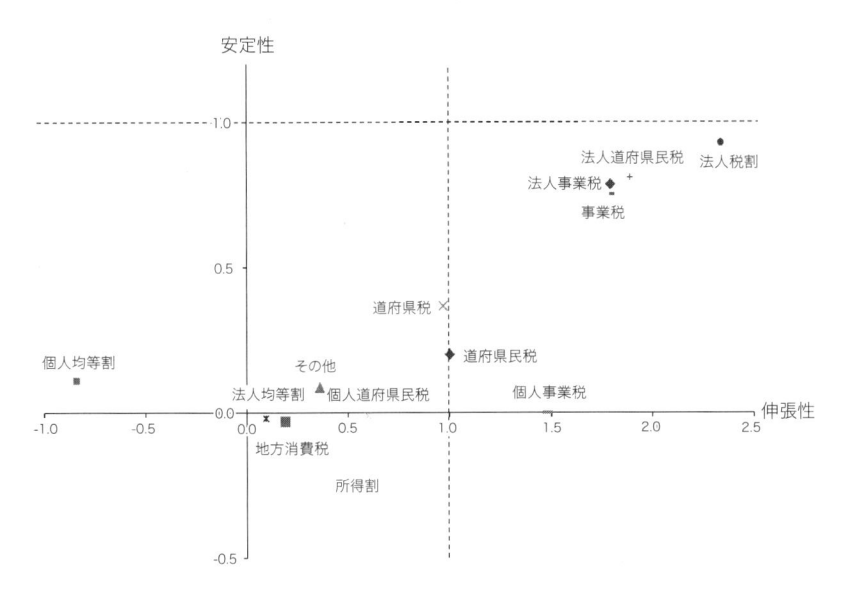

**図3-9　道府県税の体系の安定性と伸張性**

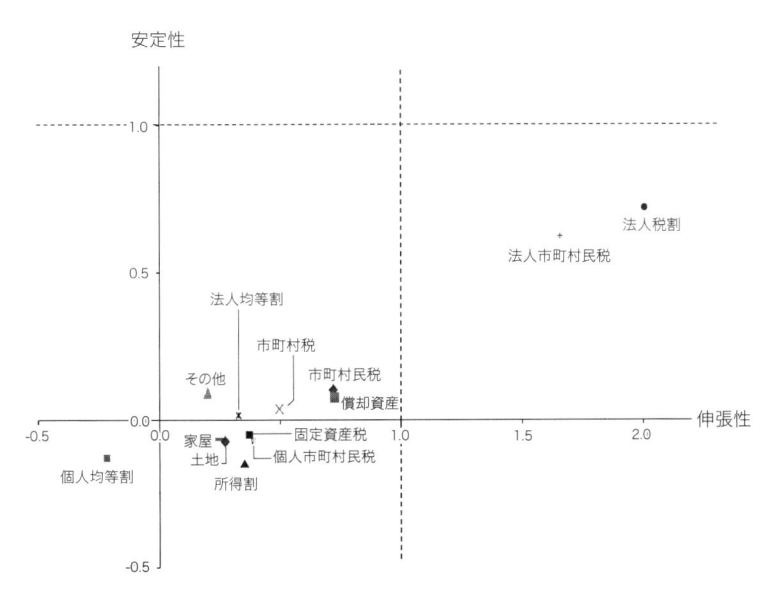

**図3-10　市町村税の体系の安定性と伸張性**

## 表3-3 名目県内総生産に対する税収の所得弾力性(1997年度から2009年度)

| 変数 | 安定性 弾力性係数(標準偏差) | R2 | 伸張性 弾力性係数(標準偏差) | R2 |
|---|---|---|---|---|
| 道府県民税 | 0.199 * (0.184) | 0.966 | 1.066 ** (0.926) | 0.998 |
| 個人均等割 | 0.109 (0.126) | 0.329 | -0.840 ** (0.799) | 0.977 |
| 所得割 | -0.183 (0.188) | 0.992 | 0.634 ** (0.950) | 0.999 |
| (個人分) | -0.012 (0.184) | 0.992 | 0.598 ** (0.946) | 0.999 |
| 法人均等割 | -0.019 (0.024) | 0.441 | 0.096 (0.736) | 0.998 |
| 法人税割 | 0.930 ** (0.197) | 0.758 | 2.337 (0.984) | 0.991 |
| (法人分) | 0.807 ** (0.157) | 0.750 | 1.888 (0.933) | 0.993 |
| 事業税 | 0.752 ** (0.205) | 0.830 | 1.788 (0.960) | 0.993 |
| 個人事業税 | 0.001 (0.063) | 0.711 | 1.482 ** (1.002) | 0.995 |
| 法人事業税 | 0.786 ** (0.215) | 0.827 | 1.792 (0.960) | 0.993 |
| 地方消費税 | -0.031 (0.368) | 0.976 | 0.193 * (0.842) | 0.997 |
| その他の道府県税 | 0.086 (0.028) | 0.507 | 0.362 ** (0.970) | 0.999 |
| 道府県税の合計 | 0.364 ** (0.087) | 0.870 | 0.970 ** (0.842) | 0.998 |
| 市町村民税 | 0.102 ** (0.076) | 0.869 | 0.721 ** (0.858) | 0.998 |
| 個人均等割 | -0.128 (0.076) | 0.883 | -0.217 * (0.788) | 0.997 |
| 所得割 | -0.166 ** (0.079) | 0.926 | 0.419 ** (0.873) | 0.999 |
| (個人分) | -0.068 ** (0.077) | 0.925 | 0.394 ** (0.870) | 0.999 |
| 法人均等割 | 0.015 (0.030) | 0.251 | 0.330 ** (0.748) | 0.998 |
| 法人税割 | 0.718 ** (0.194) | 0.764 | 2.005 ** (0.873) | 0.989 |
| (法人分) | 0.622 ** (0.153) | 0.748 | 1.655 ** (0.841) | 0.992 |
| 固定資産税 | -0.045 (0.033) | 0.644 | 0.366 ** (0.777) | 0.997 |
| (土地) | -0.063 (0.030) | 0.434 | 0.249 ** (0.866) | 0.994 |
| (家屋) | -0.073 (0.057) | 0.883 | 0.274 ** (0.723) | 0.998 |
| (償却資産) | 0.076 (0.045) | 0.209 | 0.723 ** (0.723) | 0.992 |
| その他の市町村税 | 0.090 (0.161) | 0.030 | 0.200 (0.950) | 0.988 |
| 市町村税の合計 | 0.036 (0.038) | 0.712 | 0.497 ** (0.842) | 0.999 |
| 地方税の合計 | 0.203 ** (0.053) | 0.845 | 0.740 ** (0.836) | 0.999 |

(注)( )は弾力性係数の標準誤差,＊は5%有意水準,＊＊は1%有意水準を表す。

## ④ 考 察

**表3-4　地方税の体系の安定性と伸張性の関係の推計結果**

|  | 相関係数 |
|---|---|
| 道府県民税 | 0.711 ＊ |
| 市町村税 | 0.924 ＊＊ |
| 地方税 | 0.781 ＊＊ |

（注）＊は5％有意水準，＊＊は1％有意水準を表す。

　表3-2と表3-4の相関係数からは，安定性と伸張性のトレード・オフの程度も確認できる。個別税目でトレード・オフの関係が認められた税には，高い相関係数を示したものはない。したがって，安定性と伸張性の間に強いトレード・オフの関係をもつ税はないといえる。トレード・オフの関係が強くない場合には，税収の安定性（伸張性）を確保したままで，あるいはそんなに犠牲にすることなく，伸張性（安定性）を改善させる可能性が残されているかもしれない。安定性（伸張性）の改善と伸張性（安定性）の犠牲の相対的な大きさによっては，たとえトレード・オフの関係があったとしても，安定性（伸張性）の改善を図ることが望ましいこともあり得る。一方，タックス・ミックスでは，道府県税，市町村税，地方税のすべてで相関係数は大きく，強いトレード・オフの関係が認められた。

　表3-2の個別税目の安定性と伸張性の関係で注目すべきは，固定資産税である。固定資産税では，土地，家屋，償却資産のすべてで，安定性と伸張性の間に有意な関係を認めることができなかった。固定資産税では，税収の安定性と伸張性の間に明確な関係はないのである。したがって，固定資産税の安定性（伸張性）を向上させることが伸張性（安定性）にどのような影響を及ぼすかは，その都度検証しなければならない。

　ある税の安定性や伸張性の変化は，タックス・ミックスのメカニズムを通じて，税収の全体に影響する。表3-4で示したように，タックス・ミックスの安定性と伸張性は強いトレード・オフの関係にある。したがって，たとえ固定資産税の安定性の改善の反動が固定資産税自身の伸張性には及ばないとしても，タックス・ミックスの効果を通じて，市町村税の体系としての伸張性は犠牲になるかもしれない。

　近年の地方税制改革は，伸張性にほとんど目を向けておらず，安定性を重

視している[10]。地方税が税収の変化を通じて相互に関連するならば、安定性重視の改革は、短期的な税収の確保に貢献したとしても、長期的には望ましくないかもしれない。安定性と伸張性の間のトレード・オフの存在は、短期的な税収の変化の抑制が長期的には税収の変化を大きくさせることを意味する。短期的な観点から税収を安定的に確保するための制度の変更は、長期的にみて税収を伸ばす機会を失うのである。

　本章は、税収の安定性と伸張性を税収の所得弾力性によって測っている。これは、税収額だけで変化を捉えるのではなく、GDPの変化との相対的な関係によって税収の変化を捉えていることを意味する。したがって、ここで意味する税収の安定性と伸張性のトレード・オフは、GDPの変化との相対的な関係をベースにしたトレード・オフということになる。それでは、なぜ税収の安定性と伸張性の間にこのようなトレード・オフの関係が生じるのであろうか。第2章は、税収の変化の要因を課税ベースと制度の2つに分けて考察した。以下で、第2章と同様に2つの要因から税収の安定性と伸張性のトレード・オフの要因を考察する。

　表3-2の結果は、所得課税にはトレード・オフの関係があるが、資産保有課税にはトレード・オフの関係が認められないというようにして分けることができる。住民税や事業税は所得課税であり、固定資産税は資産保有課税である。所得課税と資産保有課税は、課税ベースの経済的な性質が異なる。前者はフローに対する課税であり、後者はストックに対する課税である。本章の結果からは、ストックに対する課税よりも、フローに対する課税の方がトレード・オフの関係を持つ傾向にあるといえるかもしれない。

　資産保有課税の制度的な特徴のひとつは、資産評価制度によって評価額を算定することである[11]。固定資産税の課税標準である固定資産の時価は、固定資産評価基準によって計算される。固定資産の市場価格(実勢価格)と実際の税額計算の基礎となる評価額や課税標準額の間に資産評価という制度的な楔が存在するといえる。固定資産の市場価格の変化は、直接には固定資産税

---

10　同時に、税収の普遍性も重視している。
11　課税標準を「評価」で決めることは、日本の固定資産税だけではなく、諸外国の例を含めて、資産保有課税の一般に通じる特徴である(Mikesell and Liu (2013))。

④ 考察　*61*

の税収に影響しないのであり，(土地の負担調整措置なども含めた)資産評価制度のフィルターを通じて間接的に税収に伝わるのである。したがって，固定資産税がトレード・オフの関係を持たなかったのは，評価制度を通じて計算された課税標準額にトレード・オフの関係が存在しなかったからともいえる。資産評価制度の影響は，とりわけ土地の固定資産税で大きいかもしれない。固定資産税は，1997年度に新たな負担調整措置を導入している。この新たな負担調整措置の特徴は，土地(宅地)の固定資産評価額と課税標準額を乖離させることである。評価額と課税標準額の乖離は，固定資産の市場価格と課税標準額の間の更なる楔として機能し，税収の変化の短期と長期の関係を弱めたかもしれない。その一方，所得課税にはこのような評価の仕組みは存在しない。このような制度上の相違はトレード・オフの有無に影響していると考えられる。

　資産保有課税と所得課税の相違のもうひとつは，国税との関係である。住民税や事業税は，国税である所得税や法人税の仕組みを利用して課税所得を計算している。所得税や法人税は，国税の中でも頻繁に政策的に利用される税である。したがって，住民税や事業税では，国の政策税制として実施された所得税や法人税の改正から税収が影響を受けやすい。一方の固定資産税は，国税の中に対応する税がなく国税の影響を自動的に受けることがない。しかも固定資産税には，政策的な利用を一貫して拒んできたという経緯もある[12]。固定資産税は，国の政策税制を理由として税収を変化させることがないといえる。国の税制から影響を受ける税，あるいは政策的に利用される税がトレード・オフの関係をもつ傾向にあるのかもしれない。

　所得課税の中でも均等割課税のほとんどは，トレード・オフの関係を示していない。均等割の課税ベースは，個人も法人も，基本的に所得金額に連動しない[13]。均等割課税でトレード・オフが認められないのは，所得の変化との関係が希薄であるからかもしれない。均等割課税の中で唯一トレード・オフの関係を示したのは道府県民税である。道府県民税個人均等割の特徴は，

---

12　たとえば，地価税創設の際の議論を思い出されたい。
13　第2章の脚注34を参照。

政策税制としての利用である。2003年度に高知県が超過課税を実施した後，多くの県がこれに続いている[14]。これも，税制の政策的な利用が税収の安定性と伸張性の関係に影響することを示唆するといえる。

以上の考察からは，第1に，所得そのものの変化が短期と長期でトレード・オフの関係にあることが推察される。しかしながら，これをきちんと確認するためには，課税ベースの安定性と伸張性を検証する必要がある。本章は課税ベースよりも税収の方が重要であると考えて，課税ベースの所得弾力性は推計していない。しかし，税収の安定性と伸張性を分析するためにも，課税ベースの所得弾力性の推計が必要なのかもしれない。第2に，税制を政策目的に使うことが税収の安定性と伸張性のトレード・オフをもたらす可能性が推察される。望ましい地方税のあり方からいえば，税収の安定性と伸張性は両立するのがよい。税制の政策的な利用は，税収の安定性や伸張性にとって望ましくないのかもしれない。

## 5 おわりに

本章は，税収の所得弾力性の相関係数によって税収の安定性と伸張性の間にトレード・オフの関係が存在するかどうかを確認した。その結果，固定資産税以外のほとんどの税で，税収の安定性と伸張性の間にトレード・オフの存在を認めた。タックス・ミックスでも，道府県税，市町村税，地方税の体系のすべてにトレード・オフの存在を確認した。考察では，課税ベースである所得の動きにトレード・オフの要因があるかもしれないこと，そして税制の政策的な利用がトレード・オフを招いているかもしれないという含意を得た。固定資産税以外の税で税収の安定性と伸張性の間にトレード・オフの関係を認めた一方で，本章は，どの税においても安定性と伸張性が両立することを示すことはできなかった。これは，税制改革による一石二鳥の効果として安定性と伸張性を同時に改善する可能性を見い出せなかったことになる。

---

14 いわゆる森林環境税である。

## 5 おわりに

　本章の分析はファクト・ファインディングのタイプであり，現在の地方税で税収の安定性と伸張性の間にどのような関係があるかを確認したに過ぎない。考察としてその要因を検討したが，これらは仮説にとどまるものであり実証的な検証には至っていない。

　伝統的見解を受け入れないとしても，安定性と伸張性が両立することはありえないのであろうか。税収の安定性と伸張性は，せいぜい固定資産税のように明確な関係にないとするのが精一杯なのであろうか。本章は地方税収の安定性と伸張性の関係について一定の結論を示したが，課税ベースの所得弾力性の推計を通じた分析など残された課題も多い。しかしながら，最後に，このような限界を認めた上でなお主張できることとして，所得課税である住民税と資産保有課税である固定資産税が異なる傾向をもつことを指摘しておきたい。

# 第4章
# 国税からの影響遮断：
# 住民税と所得税・法人税の関係

## 1 はじめに

**1-1 本章の目的**

　日本の租税は国税と地方税に分けられるが，税制改正の主役は国税であり，地方税はいつもそれに付き合わされる。記憶に新しいところでは，2010年度に「所得税において①0歳から15歳までの子どもを控除対象とする扶養控除の廃止，②16歳から18歳までの特定扶養控除の上乗せ部分の廃止を行います。税体系上の整合性の観点等から，個人住民税についても平成22年度税制改正において同様の措置を講じます(下線は筆者による)」[1]として，個人住民税の年少扶養控除と特定扶養控除のうちの上乗せ部分が廃止された。財務省『平成22年度税制改正の解説』は，これを「総務省からは，「所得税の扶養控除等について見直しを検討する場合には，住民税と所得税の税体系上の整合性の観点から，住民税についても検討することが必要ではないか。その際には，「地域社会の会費」としての性格を有する個人住民税の人的控除については，なるべく多くの住民に住民税を負担いただくため，控除の項目・金額ともに所得税の範囲内としてきたことをどう考えるか」という論点が政府税制調査会において提示されました。(中略)所得税と住民税の税体系上の整合性を確保することについて大きな異論はなく，所得税・住民税がそろって一般扶養控除を廃止する方向となりました。」と説明している[2]。

　個人住民税の年少扶養控除等の廃止は，もともと民主党政権の目玉政策で

---

1　税制調査会(2009)16ページ。
2　財務省「平成22年度税制改正の解説」697ページ。

ある「子ども手当」の財源確保がきっかけである。子ども手当のための財源として所得税の年少扶養控除等を廃止したが，それだけでは足りず地方団体に対しても費用負担を求めようとした。そこで登場したのが（所得税と同じく）個人住民税で年少扶養控除等を廃止しようという考えである。そのとき示されたのが，所得税に合わせて個人住民税でも年少扶養控除等を廃止することが「税体系上の整合性」としては望ましいという考え方である。

さらに新しいところでいえば，消費税の税率引上げに伴う自動車取得税の軽減・廃止，軽自動車税の増税も国税の制度改正が地方税に影響を与えた例といえる。自動車業界は消費税導入時以来，自動車関連の諸税，とくに車体課税に対して消費税との二重課税であるとして廃止を求めてきた。自動車業界にしてみれば，消費税率が8％そして10％に至ることになって，ようやく長年の悲願が叶い自動車取得税の廃止が認められたのである。とはいえ，消費税は国税であり，自動車取得税は道府県税である。もちろん国税であろうと地方税であろうと，納税者にとって税負担であることに変わりはない。しかしながら，課税当局には大問題である。都道府県にとっては，（一応，地方消費税もあるが，）国税を増やして道府県税が減ることになる。そこで登場したのが軽自動車税の増税である。自動車取得税の約7割は市町村への交付金であり，実質的に市町村の財源である。国税の増税を道府県税でキャンセルし，さらにそれを市町村税で埋め合わせるということであり，ややこしい。

国税から地方税への影響はこれだけではない。このような地方税の制度改正を伴わなくとも，国税と課税ベースを重複する法人住民税や法人事業税では，法人税減税が自動的に法人住民税や法人事業税を減収させることが頻繁にある。

さらに，国税から地方税への影響は国の政策税制を通じたものであることも多い。しかも，政策税制の多くは減税である。したがって，国の政策税制の影響が自動的に地方税に及ぶとき，多くは地方税の収入を減らすことになる。

このような国税の制度改正から受ける影響をできるだけ排除しようというのが，地方税における国税からの影響遮断の議論である。国税からの影響遮断は，国の政策税制の影響を受けて地方税が変化することを防止し地方税の安定性を確保するための考え方であり，国税に対する地方税の制度的な対策

といえる。地方税は国税の仕組みに多くを依存して設計されている。だからこそ，地方税の安定性にとって，国税からの影響遮断は重要である。

個人住民税と法人住民税は，それぞれ国税の所得税と法人税と課税ベースを重複する。しかしながら，両者はまったく同じというわけではない。個人住民税所得割は，「市町村民税の性格及び地方公共団体の立場から国の租税政策に基づくものはこれをできるだけ排除する」[3]という考え方から，所得税と異なる課税最低限を採用してきた。法人住民税法人税割は，「法人税における特別の控除や租税特別措置法に基づく国の政策に係る特別措置の中には地方税に影響するのは適当でないものもある」[4]として，法人税額に調整を加えた額を課税標準額にしている。

このように国税の仕組みをそのまま地方税の計算に取り入れないのは，国税からの影響を遮断するという目的に加えて，国税と地方税は求められる役割や意義が異なるからでもある。そもそも租税原則とは別に地方税原則が用意されているのも，国税と地方税が異なるからである。とりわけ税収の安定性は，国税よりも地方税で重視される原則である。

これを租税政策論的な観点からいえば，国税は政策税制として頻繁に利用されるが，地方税は政策税制としての利用が望ましくないのである。租税は経済（財政）政策の手段のひとつであり，景気対策などでしばしば利用される。税制の政策的な利用を否定することは現実的でないだろうし，考え方としても，国税の政策的利用は否定されるべきではない[5]。しかしながら，地方税に限っていえば，税収の安定性を重視しており，政策税制としての利用は望ましくない。ましてやそれが地方財政のためでなく地方団体が自ら望んだ地方税政策でもなく，ただ国の政策税制に付き合うだけであれば，なおさらよろしくない。

本章は，個人住民税と法人住民税を使って，国税からの影響遮断を分析する。これらの税における国税からの影響遮断のための制度的な対応を整理し，

---

3　市町村税務研究会編（2014）28ページ。
4　（財）地方財務協会（2008）391ページ。
5　国税でも政策税制としての利用に否定的な見解もある。たとえば，石（2008）は一貫して政策税制に否定的である。

グレンジャーの因果性テストを利用して国税収入から地方税収入への影響を確認する。もし国税収入が地方税収入に影響を与えているのであれば，国税からの影響遮断はうまく機能していないことになる。逆に，国税収入は地方税収入に影響を与えていないのであれば，影響遮断の機能が働いていることになる。影響遮断がうまく機能しているにも関わらず地方税収に安定性がないとすれば，それは，国税ではなく，地方税の責任である。しかし，影響遮断がうまく機能していないとすれば，そして税収に安定性がないときには，国税からの影響に理由があるのかもしれない。

　本章の構成は次のとおりである。本節の残りは，住民税，所得税，法人税の税収の動向を確認する。第2節は，個人住民税における国税からの影響遮断に関する過去の議論を整理する。個人住民税の影響遮断の仕組みの中心は，課税最低限である。第2節は，課税最低限と併せて，これと密接な関係をもつ非課税限度額制度も取り上げる。第3節は，法人住民税における国税からの影響遮断を説明する。法人住民税は，第1に法人税額に調整を加えて法人税割の課税標準とすることで地方税としての法人税割の趣旨を尊重し，第2に法人税率の変化に合わせて法人税割の税率を調整することで税収を確保して，国税からの影響を遮断してきた。第4節は，グレンジャーの因果性テストによって，個人住民税と所得税，法人住民税と法人税の因果関係を検証し，国税からの影響遮断の効果を確認する。第5節は考察であり，第6節はまとめである。

## 1-2　住民税，所得税，法人税の動向

　図4-1は，1969年度以降の道府県民税所得割，市町村民税所得割，所得税の税収（名目決算額）の推移を示している。所得税収のピークは1991年度の27.5兆円であり，道府県民税所得割と市町村民税所得割のピークは1992年度の2.9兆円と7.3兆円である。個人住民税が前年課税であることからすれば，ピークは重なっているといえる。ピーク後の所得税収は増減を繰り返しながらも減少傾向にあり，2011年度に15.2兆円である。これは1991年度のピーク時に及ばないだけでなく，1985年度の水準である。その一方で，道府県民税所得割と市町村民税所得割は，ピーク時以降も比較的安定している

68　第4章　国税からの影響遮断：住民税と所得税・法人税の関係

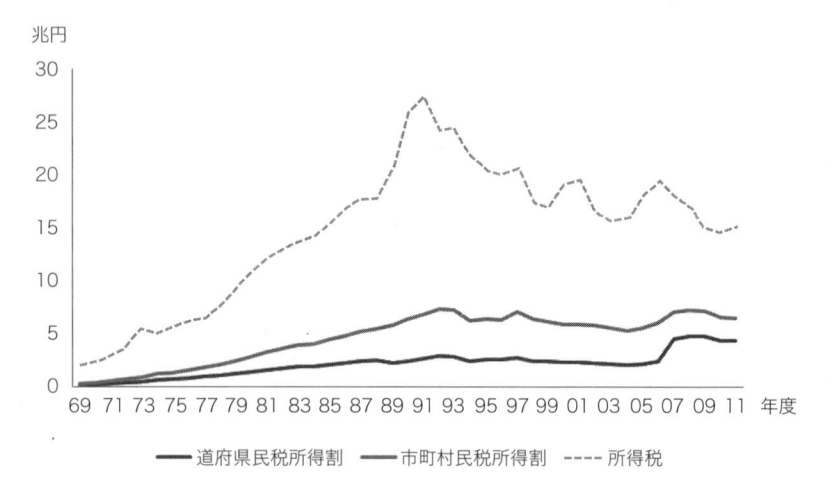

(出所) 総務省『平成25年度地方税に関する参考係数資料』により作成。

**図4-1　個人住民税所得割と所得税の税収の推移**

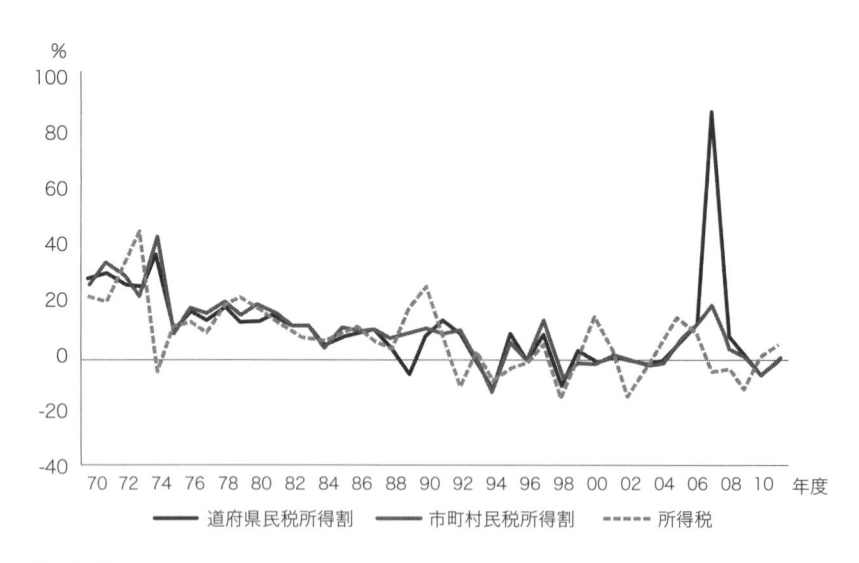

(出所) 図4-1と同じ。

**図4-2　個人住民税所得割と所得税の税収の対前年度変化率の推移**

1 はじめに　69

ように見える。2007年度には，所得税からの税源移譲によって道府県民税所得割も市町村民税所得割も収入を伸ばしている。しかしその後は，道府県民税所得割は税収を維持しているが，市町村民税所得割は税源移譲前の水準に戻りつつある。

この動きを対前年度変化率でみたのが図4-2である。道府県民税所得割と市町村民税所得割の動きが重なって見えるのは，両税の仕組みが税率を除いて同じであることを反映している。税源移譲の効果が道府県民税所得割と市町村民税所得割で異なることもはっきりと表れている。完全に一致するわけではないが，所得税と道府県民税所得割，市町村民税所得割の変化は同じ傾向をもっているようにみえる。

図4-3は，1969年度以降の道府県民税法人税割，市町村民税法人税割，法人税の税収（名目決算額）の推移である。所得税の場合と同様に，1990年頃にピークがある。法人税は1990年度がピークで18.5兆円であり，その後は減少している。リーマン・ショックの影響が2007年度から2009年度の減少に見られる。道府県民税法人税割と市町村民税法人税割は，低い水準で安

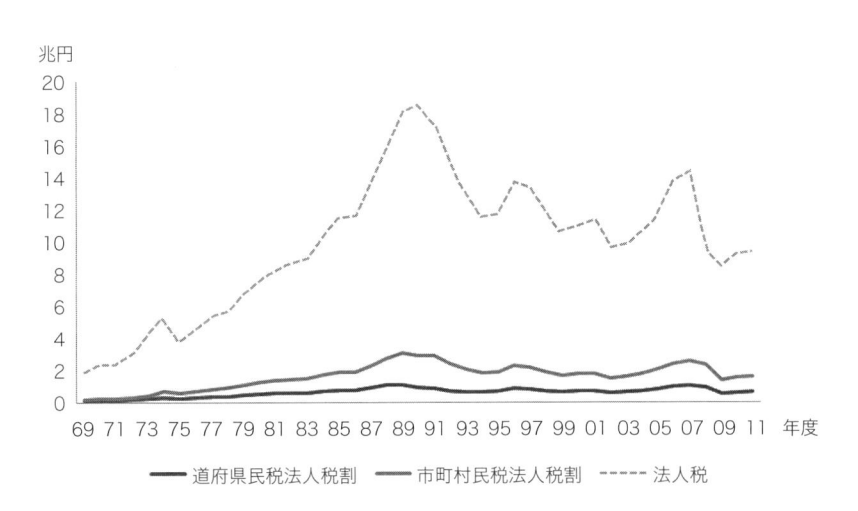

(出所) 図4-1と同じ。

**図4-3　法人住民税法人税割と法人税の税収の推移**

**図4-4 法人住民税法人税割と法人税の税収の対前年度変化率の推移**

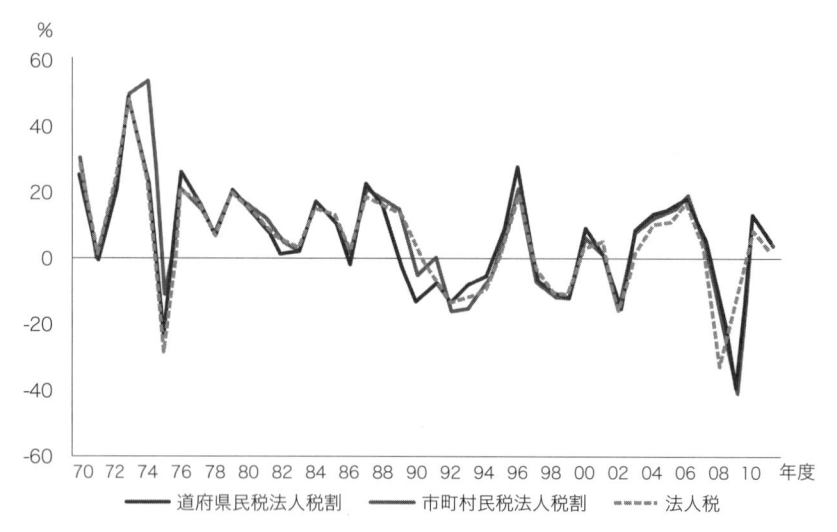

(出所) 図4-1と同じ。

定しているようにみえる。図4-4は，これらの対前年度変化率を示している。3つの線が多くのところで重なってみえる。法人税，道府県民税法人税割，市町村民税法人税割の対前年度変化率は，随分似ているようである。

図4-2と図4-4からは，地方税である個人住民税や法人住民税とそれらに対応する国税である所得税や法人税の間に一定の関係があることがうかがえる。本章は，これを国税から地方税への影響であると考えて，国税からの影響遮断の観点から住民税の仕組みを理解し，税収の共変動としてこれを確認する。

## 2 個人住民税における「国税からの影響遮断」

### 2-1 個人住民税の基本的な考え方

個人住民税は，道府県民税の個人均等割と所得割，市町村民税の個人均等

割と所得割の総称である。均等割は、「市町村内に住所又は事業所等を有する個人と当該市町村の行政上の諸施策による種々の応益関係に着目して、そのために要する経費の一部をその住民に広く負担を求め、その税負担を通じて地方自治体の行政に参画することを期待する、いわゆる負担分任という住民税の性格を最も端的に表すもの」[6](『平成26年度版要説住民税』)とされている。個人住民税の前身は戸数割である。創設当初の個人住民税は負担分任の精神を地方税制の中に含んでおくことが目的であり、収入の確保は目的としていなかった。それが均等割と所得割に分けられ、負担分任の精神は均等割に引き継がれ、一方で所得割には収入確保の役割が与えられることになった。所得割の基本的な考え方は、「所得税と同じく所得を基準として課税するものであるが、所得税は所得再分配機能を有するのに対し、地方団体の住民が地域社会の費用をその能力に応じて広く負担するいわゆる負担分任を基調とするものである。しかし、所得課税である以上、収入から必要経費を控除した所得金額については、所得課税と理論的に一致すべきものであり、会計理論上も一般に認められた収入及び経費についてその取扱いを異にすることは不合理であるので、各種所得の金額の計算方法については所得税と同一とされている。しかし、市町村民税の性格及び地方公共団体の立場から国の租税政策に基づくものはこれをできるだけ排除することとし、課税所得の範囲等については地方税法等で特別の定めを設けるとともに、所得控除についてはその内容及控除等について所得税と異なる」[7](『平成26年度版要説住民税』)とされている。

均等割と所得割という個人住民税の2段構えの構成うち、所得税と密接に関わるのは所得割である。したがって、国税からの影響遮断の仕組みは、均等割ではなく、所得割に含まれている。その中心が課税最低限である。課税最低限とは所得税や住民税の負担が生じない一定水準の所得をいうが、これは、「所得税及び個人住民税所得割においては、憲法25条にいう『健康で文化的最低限度の生活』を維持するのに必要な費用には課税することができ

---

6 市町村税務研究会編(2014)24ページ。
7 市町村税務研究会編(2014)28ページ。

ないという考え方に基づき，収入が一定額以下の者に対しては課税されないものとしている。(中略)住民税の課税最低限は(中略)所得税のそれに比べて低くなっている。これは所得税の課税最低限が，ある程度ゆとりのある水準を目標としていることに対し，住民税においては地域社会の負担分任の要請が強いことによる。」[8](『五訂地方財政小辞典』)，「(個人住民税の課税最低限は)負担分任の性格から所得税に比較してより広い範囲の納税義務者がその負担を分かち合うべきものであるため，所得税よりも低い水準で設定すべきものとされている。」[9](『地方税制の現状とその運営の実態』)などと説明される。国税からの影響遮断の手段として所得税と所得割の所得控除を乖離させるのだが，この乖離は単に国税からの影響を遮断して税収を確保することだけが理由ではない。負担分任の性格があるからこそ，所得税よりも低い課税最低限の設定が許容されていることになる。本章の冒頭では，これを「税体系上の整合性」と表現する引用を紹介した。

　住民税の課税最低限は国税からの影響遮断の手段であると同時に，各種の福祉的な手当や補助などの社会保障にも関係する[10]。課税最低限の根拠が「健康で文化的な最低限度の生活」の考え方にあるのであれば，社会保障と密接な関係をもつことは当然である。1981年度に非課税限度額制度が設けられたが，これは生活保護基準が課税最低限を上回ったことへの対処である。この非課税限度額制度の創設は，課税最低限自身の意味を変えることになる。

　課税最低限をめぐる議論は複雑である。税収の安定的な確保のためには国税からの影響を遮断すべきである。したがって，政策税制として所得税が変更される場合には，そこから距離を置くべきである。一方で，社会保障の観点からの変更には，地方税はどのように対処すべきであろうか。課税最低限のあり方を考えるには，「健康で文化的な最低限度の生活」が求める課税最低限と負担分任の原則が求める課税最低限を調整し，国税からの影響遮断として税収の安定的な確保に配慮しなければならない。以下では，課税最低限と非課税限度額の経緯を振り返ることによって，個人住民税所得割がこの問

---

8　石原・嶋津監修(2002)『五訂地方財政小辞典』42ページ。
9　(財)地方財務協会編(2008)421ページ。
10　このような観点から，最近は，寡婦控除を見なし適用する自治体がある。

題にどのように対処してきたのかを確認する。

## 2-2　所得税からの影響遮断

　今日の個人住民税は，1949年のシャウプ勧告に始まる。シャウプ勧告は，これを「住民税中の所得的部分は国税たる所得税に対する地方的付加の形とする」[11]として提案した。この時点で，所得割は所得税から影響を受けることになっていたといえる。シャウプ勧告は，市町村の判断による3つの方式からの選択制として所得割の所得の計算方法を提案した。課税方式の選択を市町村に認めたのは，市町村が地域の実情に応じて課税方式を選択できるようにとの趣旨であり，地方自治を尊重したからである。しかしながら，後になって，この課税方式の選択制が市町村間の税負担の不均衡の原因となる。

　個人住民税における国税からの影響遮断の議論が現れるのは，1960年である。税制調査会(1960)『当面実施すべき税制改正に関する答申(税制調査会第一次答申)』は，課税方式の選択制を見直し所得税からの影響を遮断することの必要性を「課税方式の選択制は，市町村が住民に負担の分任を求める場合において，その財政状態，産業構造，住民所得の状況等の実情に最も適合した課税方式を自主的に選択することができるという意味において，自治の本旨にかなうものと考えられる。しかしながら，その反面，課税方式の異なる市町村相互間において，同一程度の所得者でありながら，その負担に著しい不均衡を生ずるという欠陥があり，しかも，現状は経済的に発達した都市部の住民の負担が比較的軽く，反面，後進地たる農山漁村の住民の負担が相対的に重くなっている傾向にあることも課税方式の選択制の欠陥として指摘されている。(中略)現行の課税方式が，(中略)所得税の課税をその基礎とする方式をとっているため，所得税の改正が自動的に所得割に影響を及ぼしている実情にあることから，住民税のあり方とも関連して，このような影響を遮断することができるような課税方式に移行すべきでる。」[12]と述べている。ここでは，課税方式の見直しと所得税からの影響遮断を同時に検討している。シャウプ勧告は，地方自治の本旨にも適うという理由で所得税を基礎

---
11　『シャウプ勧告』132ページ。
12　税制調査会(1960)399ページ。

とする選択制の課税方式を提案した。それが経済の発展による環境の変化によって，逆に，地方自治の本旨に沿わないとされ，所得税からの影響を遮断することが重視されるようになったのである。

　1960年にこのような議論が起こった直接的なきっかけは，所得税の配偶者控除の創設である。配偶者控除の議論は，所得税減税が所得割税収の減少をもたらし，それが地方財政の運営に支障を与えるのではないかとの懸念を地方団体にもたらした。このような背景で検討を進めた税制調査会(1960)が示した結論は，「地方自治の観点からは，市町村が市町村民税を課するに当たっては，できるだけその自主性，自立性が保障されるべきものであり，したがって，所得割の課税方式は，所得税の改正に伴って，自動的にその影響を受けることを回避し得るのみならず，さらに進んで住民の自治意識を喚起し，自治運営に積極的に参画させるようにしむけるのにふさわしい課税方式が要請される（中略）。所得割の課税標準，税率等は，所得税の影響を遮断して，できるだけ自主的に決定できるよう定めることが適当である（中略）。改正方式における所得控除の取扱いについては，市町村の自主性を尊重する見地と，住民負担の変動を可能な限り回避する立場から考慮すべきである。(中略)総所得金額の範囲は原則として，所得税のそれによることが適当であるが，各種の所得控除については，所得税とその項目及び金額において全く同一でなければならないという必然性は認められない。(中略)ある程度地方税法における規制を認めざるを得ないにしても，少なくとも，所得税と同一でなければならない理由はなく，むしろ，その項目及び金額において，所得税と異なることを明らかにすることが，適当であろう。」[13]とするものであった。同時に税制調査会(1960)は，「住民税における基礎控除及び扶養控除については，所得税におけるこれらの控除とそのあり方を異にすることを明白にするため，たとえば住民控除とする等その名称について別途考慮することが適当である。」[14]として，「住民控除」というユニークな提案もしている。住民控除の名称は実現しないが，1961年度には，所得割の所得控除の種類

---

13　税制調査会(1960)400ページ，405－406ページ。
14　税制調査会(1960)20ページ。

2 個人住民税における「国税からの影響遮断」　75

や金額が地方税法で規定され全国的に統一される。ここで所得割と所得税の所得控除が一致する時代が終わり，同時にここから所得割における国税からの影響遮断が始まる。

### 2-3　課税最低限

　1962年度以降，所得割と所得税の所得控除は徐々に乖離する。図4-5は，1962年度以降の所得割と所得税の課税最低限の差額を示している。1972年度以降両者の差は拡大し，1980年代に一旦縮小する。1981年度には，非課税限度額が設けられている。ここでは，非課税限度額の制度が設けられるまでの間の課税最低限の議論を整理する。

　税制調査会(1960)は，住民税は所得税からの影響を遮断するのが望ましく，したがって，各種の控除も所得税とは異なるべきであるとの見解を述べた。1960年代には，これを受けて，住民税における課税最低限のあり方が本格的に議論された。

　税制調査会(1964a)『「今後におけるわが国の社会，経済の進展に即応する

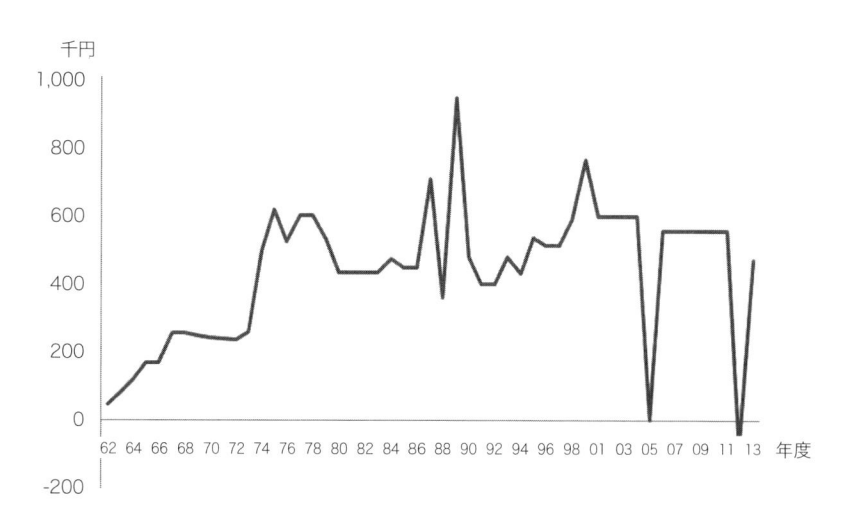

(出所)　財務省財務総合政策研究所『財政金融統計月報』(各年版)により作成。

**図4-5　個人住民税所得割と所得税の課税最低限の差の推移**

基本的な租税制度のあり方」についての答申』は，1965年度の課税方式の統一による影響を見極めることなどを理由にして具体的な制度改正の提案を見送るが，「住民税の性格にかんがみ，所得税に比較してより広い範囲の納税義務者がその負担を分かちあうという観点から，その課税最低限については，所得税のそれとは差異があるべきである」[15]，「住民税の課税最低限については，(イ)就業人口又は世帯数に対する所得割の納税義務者数の割合，(ロ)所得税の納税義務者数に対する所得割の納税義務者数の割合，(ハ)国の生活保護の基準となるべき生活費等をメドとして総合的に決定されるべき」，「住民税の性格に照らし，その課税最低限の額の決定に際して大きな要素となる現行の基礎控除及び扶養控除にかえて，たとえば住民控除というような控除を設け，また，その他の各種所得控除を整理統合する」[16]などの検討を行っている。やや明確さに欠けるかもしれないが，個人住民税と所得税は性格が異なり，所得割は所得税と異なる課税最低限の仕組みを採用することが望ましいとする見解をみることができる。

1965年に所得割の課税方式が統一され，税率設定が準拠税率から標準税率へと改正される。税制調査会(1965)『昭和41年度の税制改正に関する答申』は，「現行の各種控除が法定されて以来，その引上げが行なわれず課税最低限が据え置かれており，一方，所得税の課税最低限は逐次引き上げられて来ているので，住民税の減税の要請が強」[17]まっているとして，所得控除を引上げて住民税負担を軽減することを提案する。国税からの影響遮断，つまり課税最低限における所得税と住民税の不一致は，所得税の課税最低限の引上げに住民税が同調しないことを意味する。したがって，所得税と住民税の課税最低限は異なるのが適当であるという見解を受けた住民税は，所得割の所得控除を据え置き，その結果として課税最低限も据え置かれていた。1961年度に夫婦2人で32.5万円であった所得税と個人住民税の課税最低限は，1965年度には所得税が47.4万円であるのに対して，個人住民税は30.7万円である。国税からの影響遮断の効果として，課税最低限に16.7万円の差が生じ

---

15　税制調査会(1964a)27ページ。
16　税制調査会(1964a)27ページ。
17　税制調査会(1965)190ページ。

たことになる。所得割の課税最低限は，国税からの影響遮断をきっかけに，そして住民税の負担分任の性格を踏まえて，所得税とは異なることを選択したのである。しかし，両者の差額が拡大すると，個人住民税の負担が重すぎると指摘され，個人住民税の所得控除の引上げによってこれに応じることを要請したのが税制調査会(1965)である。この要請は，1966年度の個人住民税の配偶者控除の創設として実現する。

　税制調査会(1968)『長期税制のあり方についての答申』は，個人住民税の「課税最低限は，所得税の課税最低限と一致させる必要はないと認められる」[18]としながらも，「しかしながら，住民税の課税最低限についても，国民生活水準の推移，所得税の課税最低限，住民税の納税義務者数の推移並びに地方財政の状況等を総合的に考慮しつつ，その引上げを検討することが適当である」[19]とした。

　税制調査会(1971)『長期税制のあり方に関する答申』では，所得税と所得割の課税最低限の関係が中心的なテーマのひとつであった。1966年度以降，所得割の課税最低限は，少しずつではあるが引き上げられている。しかしながら，引き上げ幅は所得税よりも低く抑えられており，その結果，所得税と所得割の課税最低限の差は1965年度の16.7万円から1971年度の23.5万円へと拡大していた。もちろん，所得割の課税最低限の引上げを抑制した理由は負担分任の精神であり，国税からの影響遮断である。しかしながら，税制調査会(1971)は「いずれにせよ住民税の課税最低限については，国民生活水準の向上に伴って，納税義務者数の推移及び地方財政の状況等を考慮しつつ，その引上げを検討することが必要である」[20]とした。木下(1992)は，「地方税に関するこの税調答申で注目すべき問題は，住民税に関する議論であった。まず住民税の課税最低限については，それを所得税のそれと一致させるべきか否かについての賛否を必ずしも明確にせず，その引上げを検討する必要があるとした。」として，これに失望している。

　所得税と完全に歩調を合わせることはないとしてもある程度は所得割の課

---

18　税制調査会(1968)33ページ。
19　税制調査会(1968)33-34ページ。
20　税制調査会(1971)309－310ページ。

税最低限を引き上げなければならなかった理由のひとつは，課税最低限そのものの趣旨にある。課税最低限の根拠は低所得者への配慮であり，社会保障である。地方税であり，いくら負担分任だからといっても，所得課税であるからには最低限の低所得者への配慮が必要とされた。しかも，社会保障の趣旨と負担分任の趣旨は衝突する。急激な物価上昇を背景にしてこの衝突を回避できなくなったとき，非課税限度額制度が設けられる。

### 2-4 非課税限度額制度

課税最低限のあり方は，所得課税としての税制の論理だけではなく，社会保障の観点とも密接な関係がある。所得税からの影響遮断という発想は地方税の論理であり，地方税が安定的に税収を確保することを重視した考え方である。所得割と所得税が課税最低限を一致させないことで，所得割は所得税からの影響を遮断して安定的に税収を確保できる。また，負担分任の考え方も地方税の論理である。いずれの場合も課税最低限は引き上げない方が望ましい。しかし，社会保障からの要請は，生活保護基準と歩調を合わせた課税最低限の引上げである。課税最低限の引上げ，そして税負担の軽減は，すなわち税収の減少である。そして，社会保障からの要請で課税最低限を引き上げるのは所得税も同じである。政策税制であればともかくとして，社会保障の要請による税制の議論には特有の難しさがある。

1981年度に非課税限度額制度が導入されるが，この理由は国会での説明から以下のように確認できる[21]。

【第94回通常国会衆議院地方行政委員会】（1981年3月19日）
石原信雄（自治省税務局長）「従来のような形での所得控除の引き上げによる減税は，56年度の場合，到底，困難であるという状況にあったわけであります。しかしながら，一方において，諸物価の上昇等を考えますと，低所得者層に対する配慮ということをしないわけにはいかないということもありまして，56年度限りの措置として，一定の所得以下の人については住民税

---

21 国会会議録検索システム。以下，同様。

を課さないという，いわゆる非課税限度方式というものを導入することにいたしたわけであります。」

【第94回通常国会参議院本会議(1981年3月23日)】
　大川清幸(公明党)「現行の個人住民税の課税最低限は158万4千円であり，生活保護基準額の162万3千円を下回ることになるわけであります。このことは，今回の税制改正で従来のような課税最低限の引き上げを行わなかったための現象ですが，この矛盾を回避する措置として，単年度に限り非課税の限度額を設けるというこれまでにないこそくな措置をとらざるを得なかったのであります。」

　税制調査会(1980)『昭和56年度の税制改正に関する答申』は，「現下の厳しい地方財政の状況にかんがみ，課税最低限の引上げ等大幅な減収につながる措置を講ずることは極めて困難であると考えらえる。しかしながら，国民生活水準等との関連で特に低所得者層の税負担について配慮を加える必要があると認められることから，一定の所得金額以下の者について住民税所得割を課さないこととする措置を講ずることもやむを得ないと考える。以上のような考えから，昭和56年度限りの措置として，所得の金額が本人，控除対象配偶者及び扶養親族の合計数を27万円に乗じて得た金額(たとえば，夫婦子2人の給与所得者の場合，給与の収入金額が175万7千円)以下の者について，住民税所得割を非課税とすることが適当である。なお，昭和57年度以降の措置については，国民生活水準の推移等を勘案して，引続き検討する必要があると考える。」[22]として，非課税限度額制度の暫定的な利用を述べる。課税最低限の引上げは，すべての納税者の所得控除を引き上げてすべての納税者の所得割負担を軽減する。一方で非課税限度額制度は，一定の水準以下の所得者のみに限定して非課税を適用し税負担を軽減する。両者を比べると，非課税限度額の方がはるかに税収の減少を抑えられる。非課税限度額制度は，税収の減少を最小限に抑制しつつ低所得層に対する税負担の配慮を確保する

---

22　税制調査会(1980)9ページ。

ための策として誕生したのである。

　低所得者の税負担への配慮は所得控除(つまり，課税最低限)の引上げによって対応するのが基本的には望ましいという考えから，当初の非課税限度額制度は単年度限りの暫定的な措置であった。しかし，地方財政の状況が好転しない限り財源の確保が障害となって税負担を軽減できないことは次年度以降も同じである。暫定的な措置として導入された非課税限度額制度は，逆に，その意義を積極的に認めて制度として恒久化されることになる。税制調査会(1983)『今後の税制のあり方についての答申』は，所得割の非課税限度額制度について，「地方財政の状況，課税最低限の水準等を総合的に勘案しつつ，必要に応じ，存続させることとすべき」[23]と述べ，制度の存続を提案した。

　非課税限度額制度の導入によって所得割の課税最低限の性格は変わったと考えるべきである。非課税限度額制度が導入される以前の課税最低限は，低所得者の税負担への配慮の意味をもち，社会保障の観点を含まなければならなかった。しかし，非課税限度額制度の存在は，その役割を非課税限度額制度に任せることを意味する。したがって，所得控除や課税最低限の議論で社会保障の観点を意識することなく社会保障の意識を脇において，地方税の論理として，所得割は負担分任や国税からの影響排除に集中できることになる。2010年度の年少扶養控除等の廃止によって，所得水準への配慮は所得割から完全になくなった。このことの是非はともかくとして，所得割の課税最低限がこのような姿になること準備は，すでに非課税限度額制度を導入したときにできていたといえる。現在の所得割の課税最低限には，負担分任の観点を踏まえた国税からの影響遮断の機能だけしかない。

---

23　税制調査会(1983)11-12ページ。

## ③ 法人住民税における「国税からの影響遮断」

### 3-1 法人住民税の基本的な考え方

　法人住民税は，道府県民税の法人均等割と法人税割，市町村民税の法人均等割と法人税割の総称である。1950年度にシャウプ勧告に基づいて設けられた市町村民税には，法人税割は存在しない。これは，「法人は住民税を課されるべきでない。株主は住民税のうちの所得的要素によって，配当を受取るとき，または，その株式を売却して譲渡所得を実現するときに課税を受けるであろう。」[24]というシャウプ勧告の法人擬制説の考え方による。法人に対して均等割課税を置いた理由は，個人の場合と同じであり，負担分任の考え方である。

　しかし，1951年度には市町村民税の中に法人税割が設けられる。当初，政府は，税率10％程度を想定して法人税割の創設を提案する。しかし，国会がこれを15％に修正する。国会の議論からは，税率の修正に至る経緯だけではなく，法人税割を創設する理由も確認できる。

【第10回通常国会参議院予算委員会】（1951年3月1日）
　岡野清豪地方自治庁長官「配当所得というものに対して，どこからも，個人の点においても，法人の立場においても，これを取ることができなかったということを発見いたしましたし，同時に国会の御意向としまして，法人の市町村民税が非常に軽かったというような御議論も非常に深く印象付けられまして，そうして，それに対して10％ぐらい，ごく僅かな増税でございますが取ったほうが公平の観念からよかろう（後略）」

【第10回通常国会参議院地方行政委員会】（1951年3月30日）
　鈴木俊一政府委員（地方自治庁次長）「個人，法人間の負担の不均衡並びに配当所得に対する課税漏れの是正といったような考え方から，法人割という

---

24 『シャウプ勧告』132ページ。

ものを創設いたしたわけでございます。ただ、その際におきまして個人、法人の負担の均衡ということだけを強く考えて参りまするならば、個人の所得税額に対する100分の18という所得割の税率と同じ税率を、法人につきましても100分の18という税率を取ることになるわけでございますが、それはやはり資本蓄積というような日本の経済の復興再建の上から重要な一面の課題の点から申しますと、如何かと考えられますので、そこで大体10%程度、法人税額の約1割、この程度であるならば資本蓄積に対しましてそう大きな支障は与えないであろう、こういう見地で100分の10という税率をとったわけでございます。今回、衆議院の方で御修正になりました趣旨は私どもの承知いたしておりまする限りにおきましては、この程度の、5%程度更にこれを増やしましても、特にその点についての重大な支障はないであろうという見通しと、それから他面、緊要なる減税を致しまする財源を確保することが地方団体の予算を含めましての国全体の総合予算の均衡を図る上において必要である、そういう見地からの減税に必要なる財源をどこに求めるかということになりまして、結局、法人税割に求めることが全体の予算の均衡を害しないでやって行けるというようなところから、あのような御修正があったものと考えておる（後略）」

　法人擬制説の考え方で所得課税を行うとしながらも実際にやってみたら個人段階で十分に所得を捉えることができていなかったこと、個人と法人の間に税負担の不均衡があるという認識に至ったこと、そして資本蓄積への影響を考慮して所得割よりも低い税率である10%を想定したが財源の確保という観点から国会の修正によって15%へと引き上げられたという経緯がわかる。法人税割が個人の所得割に対応するものとして位置付けられたことから、「創設当初の法人税割は、所得割の一類型として整理されていた」[25]。ここでは、法人税割を設けた理由のひとつとして、個人と法人の税負担の不均衡に注目したい。これは、応益性の観点から判断して、法人にもある程度の税負担を求めた方が公平であるという認識である。

---

25　中谷（2012）82ページの脚注。

このようにして国税法人税をベースにした法人税割が誕生する。法人税割の課税標準は，法人税額である。したがって，法人税割における国税からの影響遮断は，法人所得の計算よりも，法人税額の計算で議論される。法人税割の仕組みにおける国税からの影響遮断は，第1に法人税割の課税ベースである法人税額と国税の法人税額との相違，第2に国税法人税の税率の変更に対応した法人税割税率の調整によって行われてきた。ここには，所得割のような社会保障との衝突といった難しい議論はない。議論の中心は国税と地方税の趣旨の違いと地方税収の確保である。

### 3-2　法人税額の調整

　法人税割は，国税の法人税額をそのまま課税標準として使うのではなく，それに一定の調整を加えたものを課税標準としている。中谷(2012)は，「法人税法等の規定に基づき算出された法人税額に加えられる調整は，制度上の理由に基づくものと政策上の理由に基づくものに大別できる。前者については，連結納税制度に代表される法人税制度の複雑化により，後者については租税特別措置の多様化により，その必要性は高まってきている」[26]と法人税割の課税標準である法人税額の意義を総括する。以下では，中谷(2012)による法人税割の課税標準額の沿革によって，課税標準として法人税額に加えられた調整の中から国税と地方税の趣旨の違いや国税からの影響遮断に関わるものを中心に取り上げていく。

　市町村民税の法人税割が始まるのは，1951年度である。すでにそのときから法人税額は法人税割の趣旨に合わせて調整されている。その内容は次の通りである。「①　法人税法の規定によって納付すべき法人税額は，所得に対するものと積立金に対するものの2つがあるところ，法人税割の課税標準である『法人税額』は，そのうち積立金に対する法人税額を除いたもの，すなわち所得に対する法人税額のみとされている。これは積立金に対する課税が利子的なものであり，法人税割の創設の理由から専らその所得に着目したものであることから，積立金に対する法人税額は，課税標準の対象から除く

---

26　中谷(2012)92ページ。

こととされたのである。(中略)②　(前略)法人税法においては，法人税と所得税の2重課税を回避するため，課税所得について算定した法人税額から，いわば法人税の前取りとも言うべき所得税額を控除することとしているところ，市町村民税である法人税割の課税標準としては，この必要がないため，加算することとされている。③　(略)」[27]

　1953年度税制改正による変更は次の通りである。「①　特別減税国債法第6条の規定によって軽減された法人税額を含むこととされた。特別減税国債法は，産業投資特別会計の財源に充てるため，昭和28年度において特別減税国債を発行するとともに，その消化を促進するために，これを購入した者に対して一定の減税を行なう旨を定めたものである。(中略)しかし，地方税においてはこの軽減について考慮せず，軽減された法人税額も法人住民税法人税割の課税標準に加えることとされた。」[28]

　1962年度税制改正による変更は次の通りである。「昭和37年度改正前においては，法人税において外国税額控除が行われた後の法人税額を課税標準として法人税割を課することとされていたが，法人税について，昭和37年度改正により，一定限度額の範囲内で，外国の地方税をも含めて外国税額控除が行われることとされたことに対応して，外国の法人税等の額が法人税における限度額を超過した場合には，その超過額のうち一定の限度額の範囲のものは，まず法人の道府県民税において控除し，控除しきれなかった場合には，同じく一定の限度額の範囲内で法人の市町村民税から控除することとされた。このことに伴って，法人税割の課税標準である『法人税額』は，法人税における外国税額控除前のものとされた」[29]

　1966年度税制改正では，法人税に設けられた税額控除の租税特別措置を法人税割には反映させないための措置が講じられた。これは，「これらの租税特別措置は，企業の体質改善という政策目的を達成する手段として行われたものであり，このような国の政策目的を地方税に自動的に反映させることは問題があるうえ，地方財政が極度に窮迫している状況を鑑みると，このよ

---

27　中谷(2012)83ページ。
28　中谷(2012)84ページ。
29　中谷(2012)84ページ。

うな特別措置に対する減税の影響をできる限り遮断する必要があった」[30]ためである。1967年度税制改正でも、同様の趣旨から、「この特別措置についても国の特別な租税政策に基づくものであることから、この措置の影響を法人住民税には及ぼさない」[31]ことを理由にして技術開発促進のための税額控除を反映させないための修正を行っている。

　一方、1985年度税制改正では、「高度な技術開発の推進及び中小企業の技術基盤の強化を税制面からも推進しようとする」[32]ことを目的とした租税特別措置法の改正が行われるが、これは「地方団体にとっても、地域産業の活性化を促し、地方経済の発展に大きく寄与するものと考えらえる。このため、地方振興の観点から、これらの措置についてはその適用後の法人税額を法人住民税の課税標準とすること」[33]とされた。

　2002年度には、法人税に連結納税制度が創設される。しかし、法人税割の課税標準は「従来どおり単体納税を維持すること」[34]とされた。

　2005年度には、法人税で「人材投資(教育訓練)促進税制」[35]が創設される。これに対しては、「この税制が企業の人材育成へのインセンティブを高め、我が国の産業競争力の強化を図るという国全体の観点で行われた租税特別措置である一方、中小企業者等に対する措置は、地域の人材の活用や地域産業の活性化を促進し、地方経済の発展に寄与するものであることを考慮」[36]して、「対象を中小企業者等に限定したうえで、3年間の時限措置」[37]として法人税割にもこれを適用した。

　2011年度税制改正では、「法人税における雇用促進税制の創設に伴い、中小企業者等に限り当該税制措置を法人住民税に適用することとする一方、総合特区制度のための税制措置については、その影響を遮断」[38]した。雇用促

---

30　中谷(2012)86ページ。
31　中谷(2012)86ページ。
32　中谷(2012)88ページ。
33　中谷(2012)88ページ。
34　中谷(2012)89ページ。
35　中谷(2012)90ページ。
36　中谷(2012)91ページ。
37　中谷(2012)91ページ。
38　中谷(2012)92ページ。

進税制に対する対応は「全国に事務所等を展開している大企業が税額控除を受けた場合，雇用が増える事務所・事業所が所在する地方団体だけでなく，雇用が増えない事務所・事業所の所在する地方団体の税収まで減少してしまう等の問題がある」[39]こと，総合特区制度のための税制措置に対する対応は「特区で活動する法人に適用した税額控除措置が特区外の地方団体の税額にまで影響することを防ぐ」[40]ことが理由とされている。

以上が，これまでに行われてきた法人税割の課税標準のために法人税額に加えられた調整である。法人税割が，そのまま国税法人税の法人税額を受け入れてきたわけではないことがわかる。中谷(2012)がまとめるように，これらは制度上の理由と政策上の理由に基づくものに分けられる。本章は，そこに国税からの影響遮断の趣旨を見るのである。

### 3-3 法人税割の税率の調整

図4-6は，法人税と住民税法人税割の税率の推移を示している。1951年度に市町村民税に法人税割が設けられた後，1954年度には法人税割も含めて道府県民税が創設される。したがって，法人住民税が道府県民税の法人均等割と法人税割，市町村民税の法人均等割と法人税割という現在の姿になるのは1954年度である。1951年度の法人税割の創設から2010年度までに，法人税割の税率が変更されたのは7回である。これらのすべては法人税との関係で理由が説明される。

法人税割の税率は15％から始まる。1951年度には道府県民税は存在しない。したがって，この15％は市町村民税の法人税割の税率である。創設時の税率15％が政府の当初の想定(10％)よりも高めであることはすでに述べた。1952年度には，朝鮮戦争に伴う経済の好況を背景にして，法人税の税率が35％から42％に引き上げられる。これに伴って，法人税割の税率は15％から12.5％に引き下げられる。

---

[39] 中谷(2012)92ページ。
[40] 中谷(2012)92ページ。

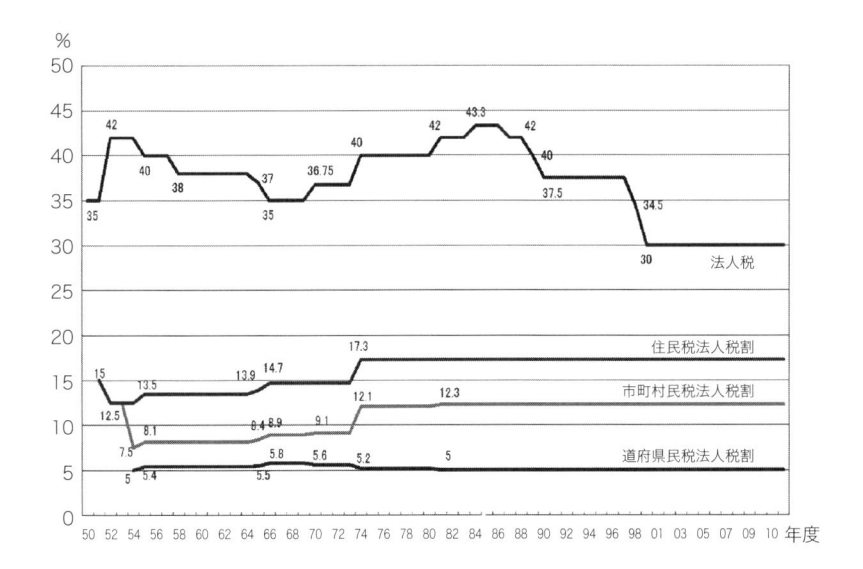

③ 法人住民税における「国税からの影響遮断」　87

(注) 1. 表中の住民税法人税割は，市町村民税法人税割と道府県民税法人税割の合計である。
　　 2. 法人税の税率は基本税率である。

**図4-6　法人税および法人住民税法人税割の税率の推移**


【第13回通常国会衆議院地方行政委員会】（1952年3月4日）
　鈴木俊一政府委員（地方自治庁次長）「市町村民税でありますが，これは先般の法人税法の改正によります増徴によって，法人税割も自動的に増えて参りますので，法人税法改正による増徴をしないのと同じ程度の税収に留めるように賦課率の改正を致したいというのが，この改正であります。すなわち，法人税割の標準税率を現行100分の15を100分の12.5に抑え，これで現在の負担関係に変更を来さないわけであります。」

　1954年度に道府県民税が創設される。このとき，企業の実質的な負担を増加させないことを理由にして，市町村民税として課してきた法人税割（12.5％）は市町村民税の部分（7.5％）と道府県民税の部分（5％）に分けられる。

1955年度には法人税割の税率が初めて引き上げられる。臨時税制調査会(1955)『臨時税制調査会中間答申』は,「法人事業税の税率ならびに道府県民税及び市町村民税中法人税割の税率を引き下げ,これによる法人の負担軽減額を法人税として徴収するとともに,たばこ消費税の税率を引き上げて法人税の増収額に相当する額だけ地方団体の独立財源を補てんする。」[41]ことを提案している。これは,税源の偏在性の高い法人課税の収入をいったん国が吸い上げた上で地方団体に再分配することで税源の効率化を図り地方財政を全体として改善するという趣旨から,法人税割の税率引き下げを提案したものである。しかしながら,この提案は実現しない[42]。ここでは,税収の普遍性よりも,税収の安定性を重視するのである。したがって,法人税率の引下げ(42%から40%)への対応は,逆に法人税割税率を引き上げるものとなり,市町村分は7.5%から8.1%,都道府県分は5%から5.4%,合計で13.5%になる。

【第22回特別国会参議院地方行政委員会】(1955年7月7日)
　奥野誠亮政府委員(自治庁税務部長)「(道府県民税)法人税割について,減税後の法人税額を課税標準として,なお,おおむね従前通りの額を維持できるようにするため,法人税の税率の引き下げ等に伴い,その標準税率を100分の5.4(中略)に改めたいのであります。法人税の減税が行われますが,地方財政の状況がそれに伴って法人税割の減収を生ずるようなことを許さないのでございますので,やむを得ず税率を上げることによって従前の額を維持したいのであります。(中略)(市町村民税)法人税割について,減税後の法人税額を課税標準として,なお,おおむね従前通りの額を維持できるようにするため,法人税の税率の引下げ等に伴い,法人税割の課税標準を100分の8.1(中略)に改める」

　1965年度にも法人税率の引下げに対応して,道府県分が5.4%から5.5%,

---

41　臨時税制調査会(1955)7ページ。
42　税源の偏在性を理由にした地方法人税負担の軽減の考えは,現在,実現しつつある。

市町村分が8.1％から8.4％へと引き上げられる（合計13.9％）。この税率引上げの理由も法人税割からの税収を確保するためである。税制調査会（1964b）『昭和40年度の税制改正に関する答申』は，これを「もともと，法人税の税率の引下げは，企業の内部留保の充実を図ろうとする国の政策の一環で行われるものである。こうした法人税率改正の理由，昭和40年度の地方財政の状況，過去における法人税率の改正が行われた場合に，住民税法人税割の税率についてとられた措置の経緯等にかんがみ，法人税の税率引下げに伴い自動的に住民税法人税割の減収をきたすことは適当でなく，その税率を調整することが適当であると認めた。」[43]と説明している。翌1966年度にも法人税割の税率は引き上げられ，道府県分が5.5％から5.8％，市町村分が8.4％から8.9％になる（合計14.7％）。この税率引き上げも1965年度と同じく，法人税率引き下げへの対応である。税制調査会（1965）『昭和41年度の税制改正に関する答申』は，これを「現行の道府県民税及び市町村民税の法人税割の標準税率はそれぞれ100分の5.5，100分の8.4である。国税においては（中略）法人税の税率の引下げを行なうこととしているが，これは企業の内部留保の充実を図るための国の政策の一環として行われるものであって，このような法人税率改正の理由，昭和41年度の地方財政の状況，過去における法人税率の改正の際において住民税法人税割の税率についてとられた措置の経緯等にかんがみ，法人税の税率引下げに伴う住民税法人税割の減収を回避するため，その税率の調整を行なうことが適当であると認めた。」[44]と説明している。

　1955年度，1965年度，1966年度と3回にわたって法人税割の税率が引き上げられたが，これらはすべて国税法人税の影響によって法人税割税収が減少することを回避することが目的である。国税からの影響遮断の典型的な例といえる。

　1970年度に法人税率が35％から36.75％に引き上げられる。しかし，法人税割の税率は全体として14.7のまま据え置かれ，増収分がすべて市町村に配分されるように道府県分と市町村分の税率が調整される。その結果，道府

---

43　税制調査会（1964b）111ページ。
44　税制調査会（1965）193ページ。

県分が5.8％から5.6％，市町村分が8.9％から9.1％になる（合計は14.7％のままである）。このとき，それまでの法人税率の変更（引下げ）に対する法人税割税率の対応（引上げ）を踏まえて，大蔵省は法人税割の税率を引き下げることを考えていた。しかしながら，最終的には自治省の意向を受け入れ，増収分を市町村の収入に回すことにしたようである[45]。

1974年度に法人税率を引き上げる際には，道府県分の税収を一定に保ちつつ法人税割の全体の税率を引き上げるようにして市町村分の税率を引上げる。その結果，税率は市町村分が12.1％，道府県分が5.2％，合計で17.3％になる。自治省は，これを「国と地方が，法人に対する実効税率の引き上げによる増収分をほぼ折半する」ものとして説明した[46]。国税と地方税が一体的に法人課税を強化したといえる。

1981年度は，法人税率の引き上げに合わせて，さらに市町村分のウェイトを高める措置が講じられる。税制調査会（1980）『昭和56年度の税制改正に関する答申』は，これを「市町村税における法人所得課税の充実を図る見地から，法人税の税率引き上げに伴う住民税法人税割の増収分については，市町村に重点的に配分されるよう法人税割の税率の調整を行うこととし，市町村民税法人税割の税率を12.3％（現行12.1％）に引き上げるとともに，道府県民税法人税割を5.0％（現行5.2％）とすることが適当である。」[47]のようにして提案している。考え方は1970年度の場合と同じであり，法人税割の全体の税率を据え置いたままにしながら道府県分の収入を減らさないようにして，市町村に増収分が配分されるように税率を調整するものである。

その後，法人税率は何度も変更される。とくに1987年度以降は大きく税率が引き下げられる。しかし，法人税割の税率は据え置かれたままである。このようにして法人税割の税率変更の経緯を確認すると，1980年代前半までは，法人税率の引下げに伴う税収の減少に対して税率を引き上げることで

---

45 読売新聞（1970年1月28日朝刊）は，これを「法人税上げ地方にはね返り　大蔵省折れる」との見出しで，「法人税の1.75％引き上げ分の法人住民税へのはね返りについては，財界筋から難色を示され，予算大蔵原案作成の段階で，引き上げ分付加税とする案が検討されたが，結局法人住民税へのはね返りを大蔵省が認めた。」として伝えている。
46 朝日新聞（昭和48年11月9日朝刊）。
47 税制調査会（1980）9ページ。

国税から影響を遮断してきたことがわかる。しかし，その後の法人税割は法人税率の引下げに伴う税収の減少をそのまま受け入れており，国税からの影響を遮断していないように見える。

# 4 グレンジャー因果性テストによる検証

## 4-1 方法とデータ

本節は，国税からの影響遮断を共変動(co-movement)の方法によって確認する。一般に，2つの変数が同時に一定の方向に動くことを共変動と呼んでいる。財政に関連した共変動の先行研究では，政府の歳入と歳出の因果関係を確認することが関心の高い課題のひとつである。近年では，Sobhee (2004)，Chang and Chiang (2009)，Dalena and Magazzino (2012)などが誤差修正モデルによるグレンジャー因果性テストを使ってこれを行っている[48]。そこでは，通常，4つの仮説が検証される。第1は，量入制出(tax and spend)の仮説である。歳入から歳出への一方的なグレンジャー因果性のみが確認され歳入が歳出を決める(先導する)とき，この仮説は妥当となる。第2は，量出制入(spend and tax)の仮説である。この仮説では，逆に，歳出から歳入への一方的なグレンジャー因果性のみが存在し歳出が歳入を決める。第3は歳出と歳入が同時に決まる(fiscal synchronization)とする仮説であり，この場合には双方向のグレンジャー因果性が確認される。第4は，歳出と歳入はそれぞれ別に決定されるとする仮説である。この場合には，双方向でグレンジャーの因果性が認められない。

グレンジャー因果性テストは，歳入と歳出の関係の分析だけではなく，他の多くの分野でも使われている。たとえばLamo et al. (2008) は，公共部門の賃金率が民間部門の賃金率に影響を及ぼすか否かを分析している[49]。

---

48 Dalena and Magazzino (2012)の文献サーベイは，いろいろの国を対象にした歳入と歳出の因果関係の近年の研究を整理している。
49 その他にも，小林(1993)，浅井(2000)，den Haan(2000)，中澤他(2002)，藤岡(2008)，Norden and Weber (2009)，野村・平井(2011)などがある。

本節は，グレンジャー因果性テストを使って，国税収入と地方税収入の関係を検証する。国税収入と地方税収入のグレンジャー因果性を確認することが意味をもつためには，両者に何らかの関係がなければならない。本節の視点は，国税からの影響遮断である。結果の解釈の仕方は，歳入・歳出の因果性分析の場合と同様である。国税収入から地方税収入へのグレンジャー因果性のみが認められる場合，国税が先導して地方税を決めたことになる。これは，国税からの影響遮断が働いていないと解釈される。国税収入と地方税収入の双方向にグレンジャー因果性が認められない場合，国税収入と地方税収入はお互いに独立であり，国税は国税で，地方税は地方税で税収を決めていることになる。国税収入と地方税収入の双方向にグレンジャー因果性が認められる場合，国税収入と地方税収入は同時に決まることになる。最後に，地方税収入から国税収入へのグレンジャー因果性のみが認められる場合，地方税が国税に影響を与えていると解釈される。

　グレンジャー因果性テストを行うときの対象期間の定め方はなかなか難しい。先行研究は，比較的長い期間を採用しているように思われる。本節でもっとも長い期間は，各税の創設年度と入手可能なデータの制約により，市町村民税の個人均等割と所得割が1950年度から，市町村民税の法人税割と法人均等割がそれぞれ1951年度と1952年度から，そしてすべての道府県民税が1969年度からとなる。本節は，これらの期間（以下，全期間と呼ぶ。）での検証と併せて，1981年度からの検証も行うことにした。1981年度は所得割に非課税限度額制度が導入され，法人税割の税率が変更された最後である。また，税収額はすべて名目額とし，地方税を総務省『平成25年度地方税に関する参考係数資料』から，国税を国税庁ホームページ[50]から入手した。

　野村・平井(2011)は，グレンジャー因果性テストの方法を「Hamilton(1994)によると，3通りの方法がある。第1の方法は，水準変数（レベル変数）を用いてVARの回帰を行うことであり，第2の方法は，水準変数の1階の階差を取りVARの回帰を行うことである。第3の方法は，分析対象のデータに対して単位根検定と共和分検定を行い，その結果に基づいて適切なVAR

---

50　http://www.nta.go.jp/kohyo/tokei/kokuzeicho/jikeiretsu/01.htm

### 表4-1 単位根検定(ADFテスト)の結果(全期間)

|  | 水準変数 検定統計量 | ラグ | 1階の階差 検定統計量 | ラグ |
|---|---|---|---|---|
| 所得税 | -0.014657 | 1 | -5.313141 ** | 0 |
| 道府県民税個人均等割 | 3.400942 | 0 | -4.186625 ** | 0 |
| 道府県民税所得割 | 1.182874 | 0 | -4.950265 ** | 0 |
| 市町村民税個人均等割 | 3.802812 | 0 | -5.371933 ** | 0 |
| 市町村民税所得割 | 0.845633 | 1 | -5.18772 ** | 0 |
| 法人税 | -0.390282 | 1 | -5.173966 ** | 0 |
| 道府県民税法人均等割 | 1.084049 | 1 | -3.501096 ** | 0 |
| 道府県民税法人税割 | -0.043219 | 0 | -4.7039 ** | 0 |
| 市町村民税法人均等割 | 0.774271 | 1 | -3.613638 ** | 0 |
| 市町村民税法人税割 | -0.414933 | 1 | -5.462787 ** | 0 |

(注)ラグの選択はSCI基準による。*は5%有意水準，**は1%有意水準を表す。

### 表4-2 単位根検定(ADFテスト)の結果(1981年度から2011年度)

|  | 水準変数 検定統計量 | ラグ | 1階の階差 検定統計量 | ラグ |
|---|---|---|---|---|
| 所得税 | -0.050956 | 0 | -3.902698 ** | 0 |
| 道府県民税個人均等割 | 3.001578 | 0 | -3.353004 ** | 0 |
| 道府県民税所得割 | 0.847124 | 0 | -4.26403 ** | 0 |
| 市町村民税個人均等割 | 2.973294 | 0 | -3.355565 ** | 0 |
| 市町村民税所得割 | 0.895217 | 0 | -3.995119 ** | 0 |
| 法人税 | -0.256813 | 0 | -3.902939 ** | 1 |
| 道府県民税法人均等割 | 0.907945 | 1 | -2.940421 ** | 0 |
| 道府県民税法人税割 | -0.34185 | 0 | -3.958556 ** | 0 |
| 市町村民税法人均等割 | 0.543987 | 1 | -2.544714 * | 0 |
| 市町村民税法人税割 | -0.304792 | 0 | -3.87375 ** | 0 |

(注)ラグの選択はSCI基準による。*は5%有意水準，**は1%有意水準を表す。

モデルを選択して回帰を行うことである。」と整理し，第3の方法による場合の手順を「単位根検定と共和分検定の結果によって，以下のように典型的な分析手順として3通りの方法があり得る。(中略)第1に，単位根検定により分析データが全てI(0)の定常状態である場合には，水準変数のデータを用いてVARモデルの回帰を行う。第2に，単位根検定により分析データが全てI(1)で単位根を持つ非定常変数であり，かつ(中略)共和分が存在しない場合には，1階の階差変数を用いてVARモデルの回帰を行う。第3に，単位根検定により分析データが全てI(1)で単位根を持つ非定常変数であり，かつ

(中略)共和分が存在する場合には，1階の階差変数と誤差修正項を用いてVARモデル(VEC, Vector Error Correction)の回帰を行う。」[51]と説明している。近年の先行研究の多くは第3の方法を採用している。本節も，同様に，第3の方法を使うことにする。

ADFテストによる単位根検定の結果を表4-1と表4-2，ヨハンセンの共和分検定の結果を表4-3と表4-4，グレンジャー因果性テストの結果を表4-5に示している[52]。

**表4-3 ヨハンセンの共和分検定の結果(全期間)**

| | 共和分数 | トレース統計量 | 棄却限界値 | 最大固有値検定統計量 | 棄却限界値 |
|---|---|---|---|---|---|
| 所得税 | | | | | |
| 道府県民税個人均等割 | 0 | 4.121272 | 15.49471 | 4.117306 | 14.26460 |
| | 1 | 0.003965 | 3.841466 | 0.003965 | 3.841466 |
| 道府県民税所得割 | 0 | 4.956509 | 15.49471 | 4.923578 | 14.26460 |
| | 1 | 0.032931 | 3.841466 | 0.032931 | 3.841466 |
| 市町村民税個人均等割 | 0 | 4.348841 | 15.49471 | 3.828757 | 14.26460 |
| | 1 | 0.520084 | 3.841466 | 0.520084 | 3.841466 |
| 市町村民税所得割 | 0 | 2.439492 | 15.49471 | 2.327958 | 14.26460 |
| | 1 | 0.111534 | 3.841466 | 0.111534 | 3.841466 |
| 法人税 | | | | | |
| 道府県民税法人均等割 | 0 | 15.35998 | 15.49471 | 10.28967 | 14.26460 |
| | 1 * | 5.070307 | 3.841466 | 5.070307 | 3.841466 |
| 道府県民税法人税割 | 0 | 12.22819 | 15.49471 | 6.998352 | 14.26460 |
| | 1 * | 5.229837 | 3.841466 | 5.229837 | 3.841466 |
| 市町村民税法人均等割 | 0 * | 17.12821 | 15.49471 | 14.27803 | 14.26460 |
| | 1 | 2.850175 | 3.841466 | 2.850175 | 3.841466 |
| 市町村民税法人税割 | 0 | 10.50709 | 15.49471 | 8.562078 | 14.26460 |
| | 1 | 1.945009 | 3.841466 | 1.945009 | 3.841466 |

(注)＊は5％有意水準，＊＊は1％有意水準を表す。

---

51 野村・平井(2011)16ページ。

④ グレンジャー因果性テストによる検証　95

**表4-4　ヨハンセンの共和分検定の結果（1981年度から2011年度）**

<table>
<tr><td colspan="6" align="center">所得税</td></tr>
<tr><td rowspan="2"></td><td rowspan="2">共和<br>分数</td><td colspan="2">トレース</td><td colspan="2">最大固有値</td></tr>
<tr><td>トレース<br>統計量</td><td>棄却限界値</td><td>最大固有値<br>検定統計量</td><td>棄却限界値</td></tr>
<tr><td rowspan="2">道府県民税個人均等割</td><td>0 *</td><td>24.92267</td><td>15.49471</td><td>17.38966</td><td>14.26460</td></tr>
<tr><td>1 *</td><td>7.533015</td><td>3.841466</td><td>7.533015</td><td>3.841466</td></tr>
<tr><td rowspan="2">道府県民税所得割</td><td>0 *</td><td>29.50129</td><td>15.49471</td><td>17.15486</td><td>14.26460</td></tr>
<tr><td>1 *</td><td>12.34643</td><td>3.841466</td><td>12.34643</td><td>3.841466</td></tr>
<tr><td rowspan="2">市町村民税個人均等割</td><td>0 *</td><td>22.70155</td><td>15.49471</td><td>16.09726</td><td>14.26460</td></tr>
<tr><td>1 *</td><td>6.604290</td><td>3.841466</td><td>6.604290</td><td>3.841466</td></tr>
<tr><td rowspan="2">市町村民税所得割</td><td>0 *</td><td>38.64494</td><td>15.49471</td><td>29.72436</td><td>14.26460</td></tr>
<tr><td>1 *</td><td>8.920585</td><td>3.841466</td><td>8.920585</td><td>3.841466</td></tr>
<tr><td colspan="6" align="center">法人税</td></tr>
<tr><td rowspan="2"></td><td rowspan="2">共和<br>分数</td><td colspan="2">トレース</td><td colspan="2">最大固有値</td></tr>
<tr><td>トレース<br>統計量</td><td>棄却<br>限界値</td><td>最大固有値<br>検定統計量</td><td>棄却<br>限界値</td></tr>
<tr><td rowspan="2">道府県民税法人均等割</td><td>0 *</td><td>26.38786</td><td>15.49471</td><td>14.42743</td><td>14.26460</td></tr>
<tr><td>1 *</td><td>11.96042</td><td>3.841466</td><td>11.96042</td><td>3.841466</td></tr>
<tr><td rowspan="2">道府県民税法人税割</td><td>0 *</td><td>29.63754</td><td>15.49471</td><td>16.50170</td><td>14.26460</td></tr>
<tr><td>1 *</td><td>13.13583</td><td>3.841466</td><td>13.13583</td><td>3.841466</td></tr>
<tr><td rowspan="2">市町村民税法人均等割</td><td>0 *</td><td>24.41792</td><td>15.49471</td><td>13.66793</td><td>14.26460</td></tr>
<tr><td>1 *</td><td>10.74998</td><td>3.841466</td><td>10.74988</td><td>3.841466</td></tr>
<tr><td rowspan="2">市町村民税法人税割</td><td>0 *</td><td>35.64388</td><td>15.49471</td><td>23.49189</td><td>14.26460</td></tr>
<tr><td>1 *</td><td>12.15198</td><td>3.841466</td><td>12.15198</td><td>3.841466</td></tr>
</table>

（注）＊は5％有意水準，＊＊は1％有意水準を表す。

---

52　本書の基になる博士学位請求論文は，Lamo et al.(2008)の方法にならって，相関係数も使っている。本節はこれを省略したが，参考までに以下に示しておく。

<table>
<tr><td rowspan="2">所得税</td><td>期間</td><td>道府県民税<br>個人均等割</td><td>道府県民税<br>所得割</td><td>市町村民税<br>個人均等割</td><td>市町村民税<br>所得割</td><td>個人事業税</td></tr>
<tr><td>全期間</td><td>0.5809 ＊＊</td><td>0.6841 ＊＊</td><td>0.7994 ＊＊</td><td>0.9651 ＊＊</td><td>0.9543 ＊＊</td></tr>
<tr><td></td><td>1981-2011</td><td>-0.1413</td><td>00114</td><td>-0.1009</td><td>0.6138 ＊＊</td><td>0.7694 ＊＊</td></tr>
<tr><td rowspan="2">所得税</td><td>期間</td><td>道府県民税<br>個人均等割</td><td>道府県民税<br>所得割</td><td>市町村民税<br>個人均等割</td><td>市町村民税<br>所得割</td><td>個人事業税</td></tr>
<tr><td>全期間</td><td>0.5745 ＊＊</td><td>0.9410 ＊＊</td><td>0.8208 ＊＊</td><td>0.9919 ＊＊</td><td>0.9856 ＊＊</td></tr>
<tr><td></td><td>1981-2011</td><td>-0.1103</td><td>0.7975 ＊＊</td><td>0.0869</td><td>0.9443 ＊＊</td><td>0.9036 ＊＊</td></tr>
</table>

（注）＊は5％有意水準，＊＊は1％有意水準を表す。

## 表4-5 グレンジャー因果性テストの結果

|  | 全期間 | 1981-2011 |  |
|---|---|---|---|
| 所得税 | − | − | 道府県民税個人均等割 |
|  | − | − |  |
|  | → * | − | 道府県民税所得割 |
|  | − | − |  |
|  | − | − | 市町村民税個人均等割 |
|  | − | − |  |
|  | → ** | → * | 市町村民税所得割 |
|  | − | − |  |
| 法人税 | − | − | 道府県民税法人均等割 |
|  | − | − |  |
|  | → ** | − | 道府県民税法人税割 |
|  | − | − |  |
|  | − | → * | 市町村民税法人均等割 |
|  | − | − |  |
|  | → ** | − | 市町村民税法人税割 |
|  | − | − |  |

(注)ラグは2とした．＊は5%有意水準，＊＊は1%有意水準を表す．

## 4-2 検証の結果

　表4-5は，全期間と1981年度から2011年度のグレンジャー因果性テストの結果をまとめて示している．全期間のグレンジャー因果性テストは，道府県民税所得割，市町村民税所得割，道府県民税法人税割，市町村民税法人税割で国税から地方税の方向にのみグレンジャー因果性を認めた．これらの税では，国税収入が先導して地方税収入が決まるといえる．したがって，国税から影響を受けており，国税からの影響遮断に失敗していることになる．すべての均等割課税は，国税からと地方税からの双方向でグレンジャー因果性を認めることができなかった．したがって，均等割課税は所得税や法人税から独立して税収を決めてきたといえる．

　一方，1981年度から2011年度の結果は，市町村民税の所得割と法人均等割で国税から地方税の方向のグレンジャー因果性を認めている．1981年度以降の税制でみると，これらの税が国税から影響を受けていたということになる．その他の税では国税からも地方税からもグレンジャー因果性を認めることができず，したがって，国税と地方税が独立に税収を決めているといえ

る。

　最後に，地方税から国税へのグレンジャー因果性や国税と地方税の双方向の因果性は全期間と1981年度以降の両期間で認められなかった。

## 5　考　察

　本章は，個人住民税と法人住民税がいかにして国税からの影響を遮断して税収の安定的な確保に努めてきたかを制度変更の経緯から整理し，その効果をグレンジャーの因果性テストによって確認しようとした。

　国税からの影響遮断のための制度的な対応は，所得割における課税最低限と法人税割における法人税額と税率の調整である。1981年度の所得割の非課税限度額制度の導入は，課税最低限の負担分任の精神の比重を増し，税収の安定的な確保の機能を高めたと解釈できる。1981年度までの法人税割は，法人税率の変更に対応して税収の安定的な確保のために税率の調整を行なってきた。法人税割の課税標準額の計算のために加えられる国税法人税額への調整は制度上のものと政策的なものに分けられるが，その基礎には地方税の趣旨に沿わないものを法人税割から排除することがある。課税ベースの計算の基礎を国税制度に依存する所得割と法人税割にとって，国税からの影響遮断は国の制度変更による税収の減少から地方団体を守る壁であり，税収の安定性を確保するための術といえる。

　グレンジャー因果性テストは，創設年度からの期間（全期間）と1981年度以降の期間で行った。全期間でみると，所得割と法人税割はともに国税から影響を受けており国税からの影響を遮断できていないが，均等割は国税から影響を受けていなかった。この結果は，課税最低限や法人税額の調整などの制度上の対応による影響遮断は効果がなかったことを示唆する。直観的にはわかりやすいかもしれない。1981年度以降の期間では，市町村民税の所得割と法人均等割が国税から影響を受けているが，これら以外の税は国税からの影響を遮断していた。市町村民税の法人均等割が法人税から影響を受けているという結果は，意外である。2つの結果を総合すると，市町村民税法人

均等割は均等割課税であるから基本的には法人税の影響を受けにくいといえるが，しかし，近年は強く影響を受けているということなのかもしれない。

市町村民税所得割の結果は，もっとも解釈しやすい。2つの期間の結果は一致しており，国税からの影響を遮断できていない。市町村民税所得割では課税最低限の相違が影響遮断の効果をもたなかったことになる。

1981年度以降の道府県民税所得割は国税からの影響を遮断しており，市町村民税所得割と異なる結果を示している。道府県民税と市町村民税の所得割は同じ課税最低限であり，制度上の相違は税率のみである。したがって，所得税から両税への影響の相違は，税率の相違に原因を求めるのが自然である。所得割の税率は，創設時の経緯から，道府県民税よりも市町村民税を高く設定している。また，超過累進税率を採用していた時期には，累進度も市町村民税の方が高い。この結果からは，課税最低限だけではなく，税率も国税からの影響遮断の効果に関わるという示唆が得られる。税率が高くなるほど国税からの影響を受けやすくなるのかもしれない。

第2章の税収の安定性でも，所得割は道府県民税と市町村民税で異なる結果であった[53]。第2章と本章の結果を総合すると，各種の控除の仕組みだけではなく，税率の設定の仕方も税収の変化に影響を及ぼすことが示唆される。

法人税割は，道府県民税と市町村民税で同じ結果である。1981年度以降の法人税割は所得税からの影響を遮断している。この期間に法人税割が税率を変更していないことを踏まえると，これは課税標準の計算において法人税からの影響を遮断した効果であると推察できる。実際のところ，これらの措置に起因する税収はそんなに大きくない。しかし，この措置は法人税からの影響を遮断することに一定の効果を発揮してきたといえる。一方，税率を調整して税収を確保してきた時期を含む全期間でみると，国税からの影響遮断に失敗していることになる。この結果を直観的に解釈するのはなかなか難しい。

国税からの影響遮断は国税制度の変更から地方税の収入が影響を受けないという地方税の独立性の趣旨であるが，実質的には国税制度の変更によって

---

53 第2章の表 2-4を参照。

地方税の収入が減らないことを意味する。したがって、その対策の中心は、国税の影響によって地方税収が減少することを回避するための措置である。この意味では、地方税収の減少を回避し安定性を確保できたとき、国税からの影響を遮断できたことになる。これに対してグレンジャー因果性は、国税収入が先導して地方税収を決めることを意味するに過ぎない。両者が意味するところは、厳密には異なる。ここにグレンジャー因果性テストによる本章の分析の限界がある。

ところで、税収を減らさないという意味での国税からの影響は、本当の意味での国税からの影響遮断であろうか。国税の制度改正に対応して地方税が制度を変更すること自体、たとえ税収の安定的な確保に成功したとしても、国税から影響を受けているように思われる。地方税制度が真に国税制度から独立しているならば、そのような対応も本来不要のはずである。地方税は、国税の政策的な変更に付き合う必要のない仕組み、つまり制度的にも安定していることが望ましいといえる。安定的な制度を通じて安定的に税収を確保するのが最も望ましい地方税の姿である。

## 6 おわりに

本章は、地方税の安定性に関連する分析の一環として、国税からの影響遮断の議論を取り上げた。地方税制度の改正には、地方税自身の理由によるものだけではなく、国税の制度改正からの影響によるものが含まれる。国税と地方税を合わせた税の体系としての一体的な議論は重要である。しかし、国の政策税制が地方税に影響することは好ましくない。同時に、地方税が国の政策や税制に影響を及ぼすことも望ましくない。結局、国税と地方税はお互いに独立しているのがもっとも望ましいのである。

国税からの影響遮断が盛んに議論されてきた税として、本章は、住民税を取り上げた。そして、市町村民税所得割が所得税からの影響遮断に失敗していることを示した。市町村民税所得割は市町村民税の収入の主体であり、市町村税の中でも中心的な存在である。したがって、市町村民税所得割を通じ

た所得税の政策的利用の市町村財政への影響は大きいといえる。市町村民税所得割の所得税からの独立性を高める方策が求められる。

　国税からの影響遮断は，国税から地方税への一方的な影響を捉えている。しかし，国税と地方税はこのような一方的な関係だけではない。事業税や固定資産税は，所得税や法人税の計算で経費や損金として算入できる。これは，所得税や法人税を減らすことを意味する。逆に，事業税の減税は法人税収を増やすことになる。従って，制度的には，双方向の関係があるともいえる。本章は双方向のグレンジャー因果関係を示す結果を得なかったが，損金算入の効果を含めた税収の相互関係の分析は今後の興味深い課題である。

# 第5章
# 固定資産税の負担調整措置と税収の安定性

## 1 はじめに

### 1-1 本章の目的

　固定資産税はもっとも嫌われている税だと言われている[1]。ただでさえ人気のない固定資産税は，1997年度の新たな負担調整措置の導入によってさらに評判を下げた。図5-1は，1997年度から2013年度の住宅地と商業地の

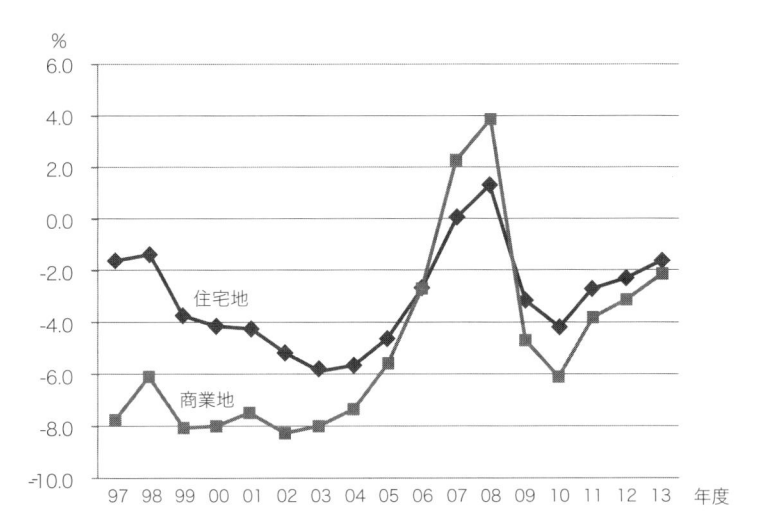

**図5-1　地価の対前年度変化率の推移**

（出所）土地総合情報ライブラリー「平成25年地価公示」により作成。

---

[1] Kenyon（2007）を参照。

地価(公示価格)の対前年度変化率の推移を示している。1997年度から2006年度は，住宅地も商業地も地価が下がっている。2007年度と2008年度にいったん回復するが，2009年度から再び下落している。このような地価の長期的な下落傾向も背景にあって，固定資産税に対して「地価が下落しているのに固定資産税は減らない(むしろ，増加する)」という批判が生じる。このときに矛先を向けられたのが1997年度に導入された新たな負担調整措置である。

この負担調整措置は，1994年度に導入された宅地に対する7割評価がもたらす影響への対処として導入された仕組みである。それまでの固定資産税では，評価額(課税標準額)は地価のおおむね3割程度であった。したがって，7割評価の実施は評価額を急上昇させ，税負担も急激に増加させることになる。そこで1997年度から新たな負担調整措置を導入し，以前は一致していた評価額と課税標準額を切り離し，負担水準の考え方によって課税標準額を決めることにしたのである。しかし，この仕組みでは，地価の下落によって評価額が下がったとしても，徐々にではあるが課税標準額を増加させることになる。この地価と課税標準額のねじれ現象が「地価が下落しても固定資産税が減らない(あるいは増加する)」という批判を招いたのである。

素朴に考えると，土地の時価が課税標準であるならば地価の下落は固定資産税を減らすはずである。しかしながら，実際には，地価が下落しても固定資産税は増えた。これは，現行の固定資産税では，実質的に負担調整措置が土地の税負担を決めていることを意味している。本章は，このような地価と税負担の関係を「実効税率」を使って表現する。土地の固定資産税の実効税率は土地の価格に対する固定資産税の支払額で表され，固定資産税の実質的な負担を表す指標の意味がある。近年では，条例減額制度の導入に関わる議論で商業地等の固定資産税のあり方を議論する際に実効税率の考え方を使っている。

先行研究によると，日本の固定資産税だけでなく多くの国で財産税(資産保有税)の税収は安定性が高いようである。財産税の安定性と税率の関係を分析した先行研究は数多い[2]。本章と関心が近い先行研究は，Mikesell and Liu(2013)である。彼らは2007年から2009年の大不況(Great Recession)に

よる土地価格の下落が財産税を減少させなかったことを「パズル」と表現して，この理由を財産税の制度に求めている。そこでは，実効税率の尺度が使われている[3]。固定資産税と制度は異なるが，地価の下落が税収の安定性への関心を高めた点では研究の動機を共有している。

本章の構成は次のとおりである。本節の残りは，固定資産税の基本的な仕組みを説明する。第2節は，固定資産税の負担調整措置の仕組みを説明する。負担調整措置を導入した経緯を確認し，負担調整措置の意義を明らかにする。そして，宅地の7割評価の導入に対応して内容を変えた負担調整措置が固定資産税に与えた効果を地価や固定資産評価額等の推移によって説明する。第3節は，宅地の固定資産税の実効税率を分析する。第1に，実効税率の決定要因を明らかにするために実効税率の変化の要因を分解し，実効税率の上昇の主な要因は（税支払い額の増加ではなく）地価の下落であることを明らかにする。第2に，宅地資産額の変化に対する実効税率の変化の弾力性を推計し，宅地の固定資産税収が宅地価額の変化に対して安定的であることを示す。これは，同時に，宅地の固定資産税の税収の安定性が高いことも意味する。第4節で本章の分析結果を考察し，第5節で本章をまとめる。

## 1-2　固定資産税の仕組み

固定資産税の税支払額（納税額）は，課税標準額に対して1.4%の税率を乗じることで計算される。固定資産税の課税標準は価格とされており（地方税法第341条の5），これは「適正な時価」である。土地の適正な時価は，「正常な条件の下に成立する当該土地の取引価格，すなわち客観的な交換価値」（2003年6月26日最高裁判決）と解するのが通説である。しかし，市場での

---

2　たとえば，近年では，Lutz(2008)，Carroll and Goodman(2011)，Mikesell and Liu(2013)，Ihlanfeld and Willardsen(2014)などが重要である。

3　しかし，本章（日本）における実効税率とは，背景が異なる。アメリカ財産税の仕組みでは，政府の必要支出額から財産税以外の収入額を控除して，必要な財産税収額が決まる。これを課税ベースの総額で除することによって，（実効）税率が決まる。ここで注意すべきは，日本の固定資産税と違って，資産価格の上昇は，計算上の実効税率を変えるだけで，税収の増加につながらないことである。これは，millage rate offset，the residual view，residual rule などと呼ばれている。

## 表5-1 固定資産税の税率の推移

| 年度 | 内容 |
| --- | --- |
| 1873 | 3%（地租改正） |
| 1949 | 1.75%（シャウプ勧告） |
| 1950 | 一定税率1.6% |
| 1951 | 標準税率1.6%　　　　制限税率3.0% |
| 1954 | 標準税率1.5%　　　　制限税率2.5% |
| 1955 | 標準税率1.4% |
| 1959 | 　　　　　　　　　　標準税率2.1% |
| 2004 | 制限税率の廃止 |

（出所）（財）資産評価システム研究センター（2000）『地方税における資産課税のあり方に関する調査研究報告書－地方分権時代の固定資産税のあり方について－』，総務省自治税務局（2006）『平成18年度地方税に関する参考係数資料』により作成。

取引価格がそのまま客観的な交換価値として観念され，固定資産税の課税標準額になるのではない。まずは「固定資産評価基準」に基づく資産評価の手続きに従って，売買実例価額を基準にして土地の評価額が算定される。土地の場合は，不動産登記制度を利用して分類された地目ごとに[4]それぞれ定められた評価方法がある。宅地の評価額は，地価公示価格の7割の水準が目途とされている。この評価額に負担調整措置を施して，課税標準額が計算される。さらに宅地は，小規模住宅用地，一般住宅用地，商業地等の3つに分類される。小規模住宅用地と一般住宅用地には，住宅政策の一環として税負担を軽減するための「課税標準の特例」の措置があり，それぞれ6分の1，4分の1に課税標準額が圧縮される。このようにして計算された課税標準額に税率をかけることによって税額が決まる。

表5-1は，固定資産税の税率の沿革をまとめている。以下では，（財）資産評価システム研究センター（2000）によって，固定資産税の税率の経緯を確認する。

固定資産税の税率は，1950年度に1.6%の一定税率で始まる。地租改正や

---

[4] 田，畑，宅地，塩田，鉱泉地，池沼，山林，牧場，原野その他の土地に分類されている。

# 1 はじめに

　1949年のシャウプ勧告は，固定資産税の前史である。地租の税率3％とシャウプ勧告の税率1.75％は，ともに必要な税収額（500億円）を見積もった上でそれを実現するために必要な税率として計算されている。1950年度の1.6％の一定税率も520億円の必要税収額を確保できる見込みを得たものとされている。

　1951年度に税率が一定税率から標準税率に改められ，同時に3年間の暫定措置として3.0％の制限税率が設けられる。1950年度に一定税率で固定資産税を始めたのは，新税として全国的に固定資産税を実施するためにはまずは一定税率で始めるのが望ましいだろうという趣旨からである。ここで制限税率を設けたのは，「将来的に制限税率を設けないほうが望ましいと考えているが，価格の決定も税率の決定も全面的に市町村に委ねられている中で価格だけで操作されるようなことになっては困るため，評価等について調整的な運営が行われるようになるまでは，制限税率を設けておいたほうがよいとの判断」からである。これには，シャウプ勧告の「それ以後は，数年間は3％を越えることを許されないであろうが，各市町村が欲する税率を課することを認めてよい」[5]という見解も影響している[6]。

　1954年度には，道府県税として不動産取得税を創設する。不動産取得税との見合いで地価上昇による税収増加を見込んで，標準税率は1954年度に1.5％，1955年度に1.4％に引き下げられる。1954年度には，制限税率も3％から2.5％に引き下げられる。制限税率の引下げは，もともと3年間の暫定的措置として設けられていたことと合わせて，標準税率の削減に対応する意味を含めて実施された。2.5％に落ち着いた背景には，実際に2.5％で課税している地方団体が存在していたことへの配慮があった。1959年度に制限税率は2.1％になる。

　1969年度には，1.7％超の税率を採用する場合の自治大臣への届出制度が創設される。自治大臣への届出制の趣旨は，国による市町村の指導である。

---

5 『シャウプ勧告』139ページ。
6 　地租の税率が3％であったことも，制限税率が3％とされたことに影響したと思われる。地租の税率3％を考慮してシャウプ勧告が3％の制限税率を例示し，それを受けて1951年度に1953年度までの3年間の暫定措置として3％の制限税率を設けたのである。

市町村が特定の納税義務者のみに歳入を負担させるような税制運営を行うことを牽制する目的である。この制度は1998年度に廃止される。

1999年度からは，自治大臣への届出制度に代えて，納税者からの意見徴収制度が導入される。地方分権の推進を背景にして国の指導よりも市町村議会の決定を重視する姿勢へと方向を転換したことにより，国が指導するのではなく市町村議会が納税義務者から意見を聴取する仕組みへと変わったのである。同様に地方分権の趣旨から，2004年度には制限税率を廃止する。納税者からの意見徴収制度と同様に，地方団体の課税自主権を尊重したものである。

以上からは，1955年度以降，固定資産税が税率を変更してこなかったことがわかる。固定資産税は税負担（税収）をコントロールする手段として税率を使ってこなかったのであり，言い換えると，固定資産税の税収の変化は課税標準の変化に原因があることになる。

## 2 固定資産税の負担調整措置

### 2-1　旧負担調整措置 ——税負担の激変緩和——

負担調整措置の始まりは，1964年度にさかのぼる。表5-2は，1964年度から2009年度までの負担調整措置の沿革をまとめている。1964年度に負担調整措置を導入した直接のきっかけは，同年度における「固定資産評価基準」制度の本格的な実施である。当初は経過的な措置として負担調整措置を設けたが，1966年度には継続的な実施になり，結局，（1997年度に内容を変えたが，）今日まで続いている。

旧負担調整措置は，前年度のおおむね1.1から1.3倍の範囲内に固定資産税の増加を抑制することで税負担の激変（急増）を緩和した。そこでは，課税標準額は3年間かけてなだらかに税負担を上昇させながら，評価替え時の年度から数えて3年度目に設定された目標となる評価額に到達する。現在の負担調整措置との違いのひとつは，課税標準額と評価額が3年ごとには一致する

ことである。逆に，土地の実勢価格(取引価格)と課税標準額(評価額)との格差は大きく，実勢価格に対する課税標準額の割合は全国平均で3割程度で

**表5-2 固定資産税における負担調整措置の沿革**

| 年度 | 内容 |
| --- | --- |
| 1964 | 負担調整措置の開始(宅地等について一律1.2倍の調整率) |
| 1966 | 負担調整率1.1から1.3の3段階での連乗方式 |
| 1967 | (評価替えなし) |
| 1970 | 負担調整率1.1から1.4の4段階での連乗方式 |
| 1973 | 宅地を住宅用地，個人非住宅用地，法人非住宅用地に区分<br>負担調整率は1.1から1.4の4段階 |
| 1974 | 住宅用地を小規模住宅用地と一般住宅用地に区分 |
| 1976 | 負担調整率1.1から1.3の3段階での連乗法式 |
| 1979 | 負担調整率1.1から1.3の3段階での連乗法式 |
| 1982 | 負担調整率1.1から1.3の5段階での連乗法式 |
| 1985 | 負担調整率1.1から1.3の5段階での連乗法式 |
| 1988 | 負担調整率1.1から1.3の6段階での連乗法式 |
| 1991 | 宅地の区分ごとの4段階から7段階の連乗方式 |
| 1994 | (宅地の7割評価制度の導入)<br>よりなだらかな負担調整措置 |
| 1995 | 急激な地価の下落に対応した固定資産税負担の調整 |
| 1996 | 負担調整率の引下げ |
| 1997 | 負担水準の考え方に基づいた新たな負担調整措置の導入 |
| 2000 | 商業地等の負担水準の上限の80%から70%への段階的引下げ(3年間)<br>負担水準60%超の土地及び地価下落の著しい土地の税負担の据置き |
| 2003 | 著しい地価下落に対応した臨時的な税負担の据置<br>据置年度における価格の修正等 |
| 2004 | 商業地等に対する条例減額制度の導入 |
| 2006 | 負担水準の区分に応じた負担調整率の仕組みを簡素化<br>地価下落対応の臨時的な据置き措置の廃止 |
| 2009 | 住宅用地等に対する条例減額制度の導入 |

(出所) (財)資産評価システム研究センター資料，『平成26年度版要説固定資産税』などにより作成。

あった。

　1959年4月，固定資産評価制度調査会は内閣総理大臣の諮問に応じて固定資産の評価に関する検討を始めた。その成果が『固定資産評価制度調査会答申』(1961)である。これによって固定資産評価基準の位置づけが準拠基準から依拠基準へと変わり，市町村は固定資産評価基準に従って資産評価をすることになる。同時に，同答申は「改正評価制度の実施に伴い，資産によって，その評価額が引き上げられることとなるものもあり，固定資産税の税率を現行のものによるものとする場合においては，固定資産税の総額は，相当増加するものと予想され，また，税負担の変動の状況は，各資産によって異なることとなるものと予想される。(中略)評価制度の改正は，評価の適正均衡を確保する趣旨にいずるものであって，もとより，それによって税負担の増大を求めるという趣旨に基づくものではないから，当調査会は，改正評価制度の実施に伴う税負担の変動に対しては(中略)所要の調整措置を講ずべきであると考える。」[7]として税負担の調整を求めた。

　これに対して税制調査会(1963)は，「固定資産税を財産課税と理解すべきか収益課税と考えるべきかをめぐって意見の交換が行われたが，この問題は固定資産税の基本に関する重要な問題であり，これを審議するには時間的余裕も十分でなかったので，結論に達するには至らなかった。その結果，固定資産税の基本的なあり方については，今後更に検討することとし，固定資産の再評価に伴う固定資産税負担の調整について，さしあたり次の評価改定の時期までの経過措置を検討することに意見の一致を見た。(中略)その結果，固定資産税の負担調整の方法としては，激変緩和に主眼をおいて，固定資産税の基本的あり方等についての当調査会の結論が出るまで(これを一応の目安として次の評価改定の時期(2年後)までとした。)税率は据え置き，農地以外の土地について課税標準の特例を設けて調整する方法によることが適当であると考えた。」[8]として，とりあえず暫定的な措置を講じる。その後，税制調査会(1965)は，「昭和39年度に行われた土地の新評価に伴う固定資産税負担については，暫定措置が講じられているが，その結果，土地特に宅地の税

---

7　固定資産評価制度調査会(1961)43-44ページ。
8　税制調査会(1963)104-105ページ。

負担に著しい不均衡が生じているので，このような実情にかんがみ，昭和41年度から，この暫定措置にかえて，土地に対する固定資産税負担の均衡化を漸次的に確保するための激変緩和措置を講ずる。」[9]，「激変緩和措置は，土地に対する各年度分の固定資産税額について，土地を新評価額の上昇率に応じて3段階（3倍未満，3倍以上8倍未満，8倍以上）に区分し，その区分に応じて，毎年度，それぞれ前年度の税負担の1割増，2割増，3割増を限度とすることとする。」[10]と答申した。ここで確認しておくと，税制調査会(1965)も固定資産税の性格をめぐる議論に結論を得てはいない。しかし，それよりもすでに生じている「税負担の著しい不均衡」という現実を重視して，負担調整措置を制度化したということになる。この答申によって負担調整措置は暫定的なものから継続的なものとなる。

固定資産税の性格をめぐっては現在でもなお見解が分かれており，財産税説と収益税説の対立がある[11]。収益税説と財産税説の折衷案として，収益税的財産税とする見解もある。当時の税調答申は明確な結論に至らなかったが，しかし，今日の固定資産税の実務では完全に決着している。固定資産税は財産税である。財産税説では，固定資産の保有に着目した税が固定資産税であるから，担税力と直接的に関係せずに税負担が変化する可能性があると考える。しかし，税であるからには税負担の変化（とくに急増）に配慮する仕組みが必要であり，それを負担調整措置として位置付ける。財産税説であるからこそ負担調整措置が必要であるという見解である。逆に収益税説によるならば，税負担には収益の裏付けがあることになる。収益の裏付けがあれば，基本的には，担税力に配慮した税の負担激変緩和の仕組みは必要ないことになる。

## 2-2 新たな負担調整措置 ——7割評価と負担水準——

1989年，土地に対する国の基本的な考え方を示し，土地の基本理念を定めた「土地基本法」が成立する。土地基本法は，「公的土地評価について相

---

9 税制調査会(1965)14ページ。
10 税制調査会(1965)14ページ。
11 固定資産税の性格をめぐる議論の詳細は，第6章で扱う。

互の均衡と適正を測ること」（土地基本法第16条）を求めた。これを受けて，「宅地の評価において（中略）標準宅地の適正な時価を求める場合には，当分の間，基準年度の初日の属する年の前年の1月1日の地価公示法（昭和44年法律第49号）による地価公示価格及び不動産鑑定士又は不動産鑑定士補による鑑定評価から求められた価格等を活用することとし，これらの価格の7割を目途として評定するものとする」（『固定資産評価基準』第1章土地第12節経過措置）ことになり，1994年度から宅地の7割評価が実施されることになる。

7割評価の実施は，当時，実勢価格のおおむね3割程度の水準にあった宅地の評価額を一挙に7割にまで引き上げることを意味する。評価額（すなわち，課税標準額）の急上昇による税支払額の急激な増加を抑制するための方法として設けられたのが，負担水準の考え方に基づく負担調整措置である。この新たな負担調整措置は，7割評価導入の次の評価替え年度である1997年度から始まる。

資産評価制度の刷新に合わせて税負担を調整する仕組みを設けたところは，1964年度と1997年度で同じ構図である。1964年度に負担調整措置が導入されたのも，固定資産評価制度の改正が税負担に及ぼす影響への対処からであった。そして，その背景に資産評価の適正化と税負担の均衡という2つの趣旨を掲げたことも，新旧の負担調整制度に共通している。少し遅れて（旧負担調整措置の場合は2年遅れで）本格実施されることまで同じである。同じことを繰り返しているようにみえる。結局，固定資産税には負担調整措置が必要なのである。

ところで，7割評価の実施が評価額の急激な上昇をもたらすのは，実施当初だけである。これは旧制度からの変更に伴って生じる問題であり，したがって，制度変更の当初だけに関わる経過的な問題ともいえる。それでも評価額が地価公示価格の（3割から）7割になるというのは，納税者にとって大きな不安である。7割評価の実施は，このような不安以外に，固定資産税の根本に関わるものとして次のような問題点も顕在化させることになる。

第1は，税負担の不均衡である。これには，地域間の不均衡と同じ資産価値の土地の間の不均衡という2つの不均衡がある。7割評価以前の資産評価

は，主に取引事例によって土地価格の情報を収集し，それによって固定資産税の評価額として適切な水準であろうと考えられる評価額を各市町村が算定するという方法を用いていた。そのときには，まだ地価公示価格制度と資産評価制度の関係は明確には法定されていない。地価公示価格は，それぞれの地域において過去の経緯を踏まえながら，ある程度の目安として利用されていたに過ぎない[12]。そこに不動産鑑定評価を持ち込んで，地価公示価格という共通の物差しに対して7割の水準を目途に宅地の評価額を決めることを要請したのが7割評価ということになる[13]。それまではそれぞれの地域で異なる物差しを使っていたところに，7割評価の導入によって地価公示価格という共通の物差しが与えられたのである。共通の物差しが与えられると，これを基準とした比較が可能になる。それが地価公示価格に対する評価額のばらつきとして顕在化し，税負担の不均衡として捉えられるようになる。たとえば，全国的な平均としておおむね3割程度の水準にあった地価公示価格と評価額の関係には，地域によっては1割程度や5割程度のところが存在した。このような不均衡は固定資産税の不公平として大きな批判を浴びた。

　第2は，評価額が地価の7割として関係付けられることから，地価の変化が比例的に評価額の変化に伝わることである。それまでのように評価額を調整することによって税負担をコントロールすることはできない。したがって，それまでの負担調整措置をそのまま利用することもできない。しかしながら，固定資産税は財産税であるから，税負担の激変を緩和する措置は必要である。

---

12　固定資産税が創設された1950年度にも，そして1964年度の固定資産評価基準による資産評価の開始時にも地価公示制度は存在しない。

13　7割という評価水準は，多少の「驚き」を与えたようである。「地価公示価格が将来の合理的期待要素を加味した価格であるのに対して，固定資産税評価額は賦課期日現在における現況に基づく価格である。したがって，固定資産税評価額のためには地価公示価格から合理的期待要素を除去する必要がある。合理的期待要素の割合は，おおむね3割程度であると考えられる。」というのが，7割評価を導入したときの「差額としての3割の部分」に対する総務省の公式見解である。しかしながら，その後，最高裁判例がこれとは別に，「課税の謙抑性，評価の安全率」としてこの3割を説明した。(残念ながら，)最高裁判例の力は強く，現在ではこちらの説明が支配的である。しかし，筆者は，固定資産税の趣旨や租税の公平性の観点からして総務省の合理的期待要素による説明の方がふさわしいと考えている。税負担に3割もの誤差を許容するような制度はそもそも税制としての体をなしていない(安全率として許されるのは，せいぜい5％程度であろう)。

負担水準の考え方によって課税標準額を決めることでこれらの問題点に対応したのが，新たな負担調整措置である。負担水準は，当該年度評価額に対する前年度課税標準額の比率によって計算される[14]。新たな負担調整措置は，負担水準が一定の基準を上回る場合は前年度の課税標準額を引き下げるか据え置き，逆に一定の基準を下回る場合には前年度の課税標準額を引き上げることによって，当該年度の課税標準額を決める。課税標準額の引上げ率は，当初，負担水準の低い土地ほど引上げ率が高くなるように仕組まれており，2.5％から15％の幅があった。2006年度に，負担水準の均衡化がある程度達成されたとして制度の簡素化を図り，原則5％になる。

新たな負担調整措置では，評価額（地価公示価格の7割）と課税標準額の乖離（差）が税負担を決めるといえる。したがって，たとえ土地の市場価格が下がっていたとしても，負担水準が低ければ税負担額は増加する。現行の固定資産税において「地価が下落しているのに固定資産税は減らない」ことの理由はここにある。このような評価額と課税標準額の乖離に対しては，税負担の上昇という不満に加えて，固定資産税を複雑にしており納税者の制度の理解の妨げになっているという批判も多い[15]。

さらに，固定資産税の課税標準を「価格」として定める地方税法は，評価額と課税標準額の乖離を想定していない。これは，地方税法上からの問題として指摘されることがある。評価額と課税標準額の乖離は，現行の負担調整措置の特徴であると同時に，課題ともいえる。

### 2-3 評価額と課税標準額の乖離と負担水準の均衡化

負担調整措置の趣旨は，負担水準の均衡化によって（地価の7割の水準を

---

14 住宅地の負担水準は「前年度課税標準額÷（当該年度評価額×住宅用地に対する課税標準の特例率）（ただし，小規模住宅用地の特例率は6分の1，一般住宅用地の特例率は3分の1）」，商業地等の負担水準は「前年度課税標準額÷当該年度評価額」である。当該年度課税標準額ではなく，前年度課税標準額を用いていることに注意されたい。これに対して，「当該年度課税標準額÷当該年度評価額」は平均負担水準と呼ばれ，税負担の不均衡解消の目安として利用される。
15 実際，市町村の窓口対応で納税者の理解を得る説明にもっとも困るのが負担調整措置，評価額と課税標準額の乖離のようである。

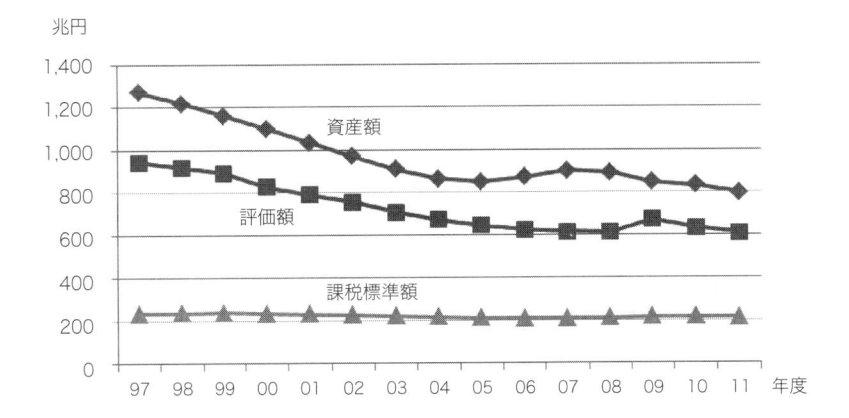

(注) 資産額は内閣府「国民経済計算年報」(ストック編4.参考表の土地の資産額の都道府県別内訳(民有地))の宅地の金額，評価額は総務省『固定資産の価格等の概要調書』の宅地の決定価格(総額)，課税標準額は総務省『固定資産の価格等の概要調書』の宅地の課税標準額(免税点以上)を用いた。
(出所) 内閣府「国民経済計算年報」，総務省『固定資産の価格等の概要調書』(各年度版)により作成。

**図5-2 宅地の資産額、評価額、課税標準額の推移**

目途として評定される)評価額に対する課税標準額の割合のばらつきを解消し，固定資産税負担の均衡を図ることである。これは，固定資産税負担の公平を図ることと言い換えられる。ここでは，土地資産額，評価額，課税標準額の推移を確認することによって宅地に対する固定資産税の状況を確認し，負担調整措置の公平性の効果を確認する。

図5-2は，1997年度以降の宅地の資産額，評価額(総額)，課税標準額(免税点以上)の推移を示している。資産額は，地価の下落を反映して減少している。7割評価の効果として資産額のおよそ7割の水準を維持しつつ，評価額は減少している。しかし，課税標準額は一定の水準を維持しているようにみえる。固定資産税を決めるのは，評価額よりも課税標準額である。税負担額は，資産額や評価額の減少とは異なる変化をしていることが推察される。

114　第5章　固定資産税の負担調整措置と税収の安定性

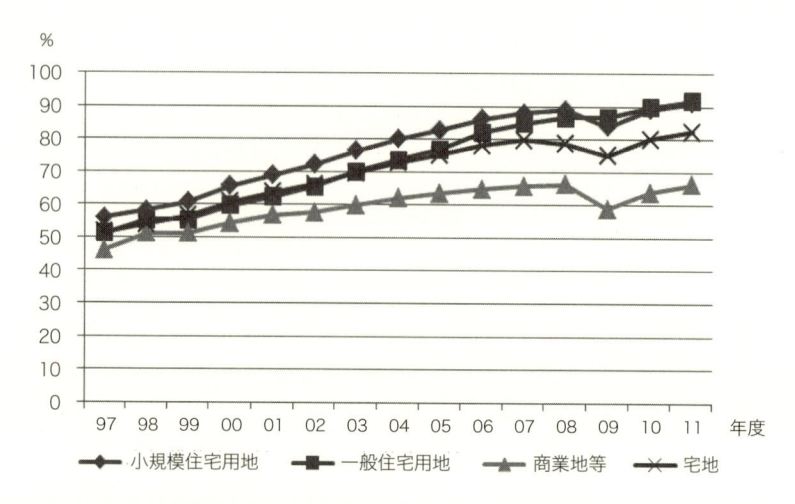

（注）評価額は総務省『固定資産の価格等の概要調書』の決定価格（免税点以上），課税標準額は総務省『固定資産の価格等の概要調書』の課税標準額（免税点以上）を用いた。
（出所）総務省『固定資産の価格等の概要調書』（各年度版）により作成。

**図5-3　宅地の評価額に対する課税標準額の割合の推移**


　図5-3は，1997年度以降の宅地の評価額（免税点以上）に対する課税標準額（免税点以上）の割合の推移を示している。宅地は，小規模住宅用地，一般住宅用地，商業地等に区分している[16]。負担調整措置には課税標準額を据置く負担水準率の範囲がある[17]。小規模住宅用地と一般住宅用地は80から100％，商業地等は60から70％である。これは，課税標準額を引き上げていく際の目標水準でもある。負担調整措置は，とりあえずはすべての宅地の課税標準額をこの範囲に収めることによって負担水準の均衡化を図るといえる。図5-3からは，課税標準額が目標とする評価額の水準に徐々に近づいてい

---

16　「商業地等」は，1997年度に，負担調整措置において，「住宅用地以外の宅地及び宅地比準土地である宅地等」を意味するものとして導入された概念である。これと，図5-3が用いる商業地等は，資料の都合から，厳密には異なる。しかしながら，両者をほとんど同じと見なしても考察に大きな影響はないと考えられることから，便宜上のわかりやすさを重視して，商業地等の表記を用いることにした。本章のこれ以降も同様である。
17　住宅用地の据置き措置は，2014年度に廃止された。

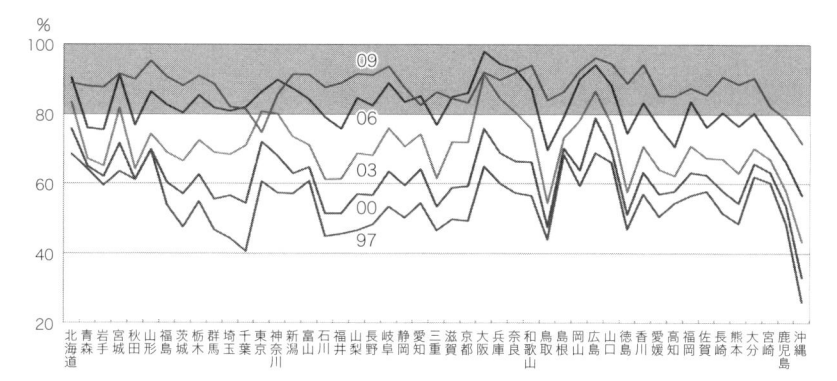

2 固定資産税の負担調整措置　　115

(注) 1. 評価額に対する課税標準額の割合 (%) は，当該年度の法定免税点以上の課税標準額÷当該年度の法定免税点以上の決定価格×100である。
2. 網掛け部分は，課税標準額を据置く場合の負担水準率 (80〜100%) を示す。
3. 小規模住宅用地は，総務省『固定資産の価格等の概要調書』による区分をそのまま用いた。
4. 表中の数字は，年度を示す。
(出所) 総務省『固定資産の価格等の概要調書 (土地　都道府県別表)』(各年度版) により作成。

**図5-4　小規模住宅用地の評価額に対する課税標準額の割合 (都道府県別)**

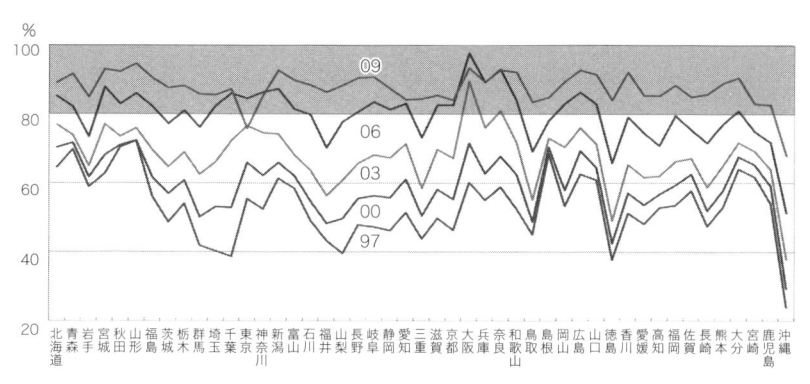

(注) 1. 評価額に対する課税標準額の割合 (%) は，当該年度の法定免税点以上の課税標準額÷当該年度の法定免税点以上の決定価格×100である。
2. 網掛け部分は，課税標準額を据え置く場合の負担水準率 (80〜100%) を示す。
3. 一般住宅用地は，総務省『固定資産の価格等の概要調書』による区分をそのまま用いた。
4. 表中の数字は，年度を示す。
(出所) 図5-4に同じ。

**図5-5　一般住宅用地の評価額に対する課税標準額の割合 (都道府県別)**

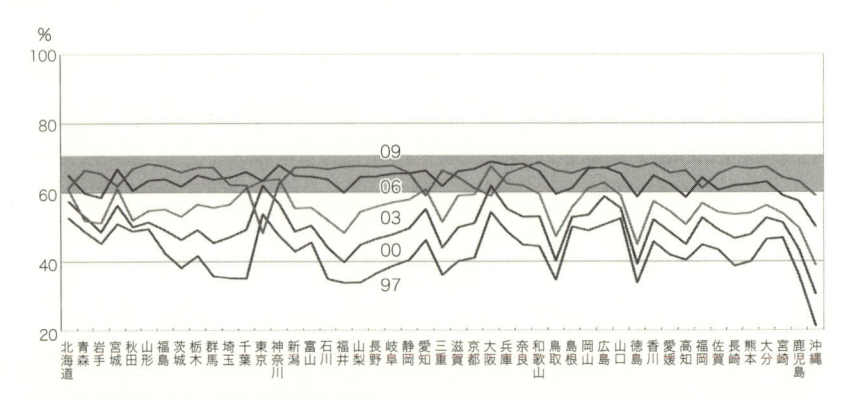

116　第5章　固定資産税の負担調整措置と税収の安定性

(注) 1. 評価額に対する課税標準額の割合（%）は，当該年度の法定免税点以上の課税標準額÷当該年度の法定免税点以上の決定価格×100である。
2. 網掛け部分は，課税標準額を据え置く場合の負担水準率（60〜70%）を示す。
3. 総務省『固定資産の価格等の概要調書』による「住宅用地以外の宅地」を「商業地等」とした。したがって，この「商業地等」は宅地等に係る固定資産税の負担調整において定義される「商業地等」とは厳密には異なる（介在農地や宅地比準の雑種地等を含んでいない）。
4. 表中の数字は，年度を示す。
(出所) 図5-4に同じ。

**図5-6　商業地等の評価額に対する課税標準額の割合（都道府県別）**

く様子を伺うことができる(以下では，これを負担調整措置の時間効果と呼ぶ)。

　図5-4から図5-6は，小規模住宅用地，一般住宅用地，商業地等について，基準年度(つまり，評価替え制度)の評価額に対する課税標準額の割合を都道府県別に示している。これらの図からは，図5-3で確認した負担調整措置の時間効果と併せて，地域間の負担水準の均衡化の進み具合も確認できる。小規模住宅用地で課税標準額の据置き範囲にある地域は，1997年度のゼロ県から2009年度の44都道府県に増加している。2009年度の評価額に対する課税標準額の割合の全国平均は83.9%である(参考までに，2011年度は91.0%である)。一般住宅用地で課税標準額の据置き範囲にある地域は，1997年度のゼロ県から2009年度の45都道府県に増加している。2009年度の評価額に対する課税標準額の割合の全国平均は86.6%である(2011年度は

91.7％である）。商業地等で課税標準額の据置き範囲にある地域は，1997年度のゼロ県から2009年度の43都道府県に増加している。2009年度の評価額に対する課税標準額の割合は，全国平均で58.8％である（2011年度は66.3％である）。小規模住宅用地，一般住宅用地，市商業地等のすべてにおいて負担水準の均衡が進み，税負担のばらつき解消の目的が達成されつつあることがわかる。

## ③ 宅地の固定資産税の実効税率

### 3-1 固定資産税の実効税率

宅地の固定資産税の実効税率は，

$$実効税率 = 税支払額 \div 宅地の価額（資産額） \quad \cdots (1)$$

で定義される。固定資産税の法定税率（標準税率）が1.4％であるのに対して，実効税率は0.3％程度であることが知られている。非課税等の特別措置，7割評価，負担調整措置，課税標準の特例などの効果によって，通常，実効税率は法定税率よりも低くなる。

実効税率は，固定資産税の実質的な負担の大きさを表す尺度として利用される。近年では，商業地の固定資産税負担の議論で，昭和50年代に経験した商業地の実効税率の最高水準を踏まえて，実効税率を上限で0.4％程度に抑えるように税負担を調整するべきであるという意見がある。その他にも，実効税率が一定となるように税負担を調整すべきである，実効税率が0.4％程度となるように（7割評価ではなく）3割評価（1.4％×0.3＝0.42％）が望ましいという主張が展開されることもある。

(1)式で定義した実効税率は，次のように書き換えることができる。

$$実効税率 = \frac{税支払額}{宅地の価値} \fallingdotseq \frac{課税標準額 \times 1.4\%}{固定資産税評価額 \div 0.7} \quad \cdots (2)$$

図5-7から図5-11は，(2)式によって1997年度以降の実効税率を推計した結果を示している。課税標準額と固定資産税評価額は，『固定資産の価格等の概要調書』から課税標準額(法定免税点以上)と決定価格(総額)を用いた[18]。

図5-7は，全国平均でみた実効税率の推移を示している。まず，小規模住宅用地の実効税率がもっとも低く，商業地等の実効税率がもっとも高いことを確認できる。これは，課税標準の特例による住宅用地に対する税負担軽減の効果である。小規模住宅用地の実効税率は2009年度の近辺ででこぼこがあるが，1997年度の0.091％から2011年度の0.148％までおおむね上昇している。2009年度の実効税率の低下はリーマン・ショックによる地価の下落

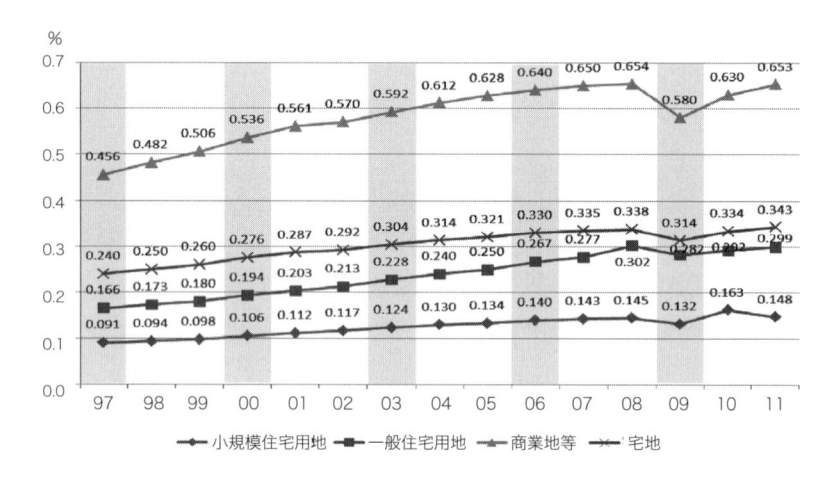

**図5-7　宅地に対する固定資産税の実効税率の推移**

[18] 宅地の価額に『国民経済計算』の「土地の資産額」を用いることもある。この方法では，「土地の資産額」の宅地の資産額を『固定資産の価格等の概要調書』の住宅用地と商業地の決定価格の割合によって按分することで，宅地を住宅用地と商業地等に区分することが多い。7割評価の導入以前であれば，この方法は便利である。しかし，7割評価が導入されて以降は，『概要調書』の決定価格を割り戻すことによって資産額を推計できる。この方が簡便であるし，案分する必要もない。『国民経済計算』の「土地の資産額」は，『固定資産の価格等の概要調書』の決定価格をもとにして，ＳＮＡの仕組みと整合的になるように一定の調整を加えたものである。

③ 宅地の固定資産税の実効税率　*119*

を反映している（図5‐1で確認できる）。同様に，一般住宅用地の実効税率も1997年度の0.166%から2011年度の0.299%まで上昇傾向であり，商業地等の実効税率も1997年度の0.456%から2011年度の0.653%まで上昇傾向である。宅地全体の実効税率も同様の傾向であり，1997年度の0.240%から2011年度

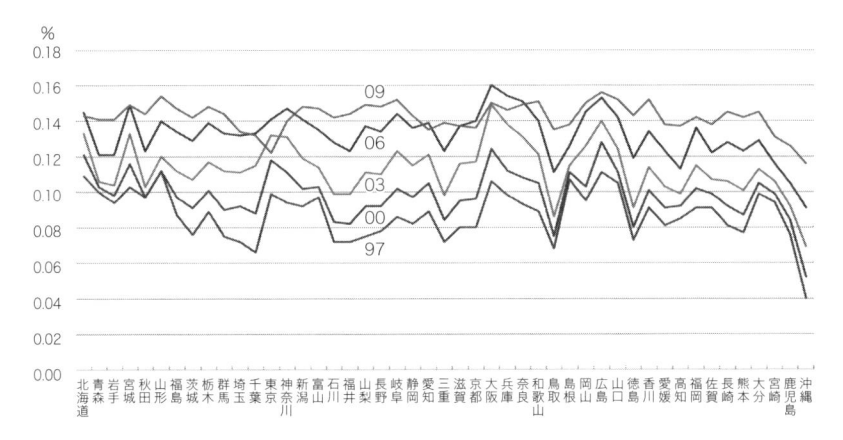

（注）表中の数字は，年度を示す。
**図5-8　小規模住宅用地の都道府県別実効税率**

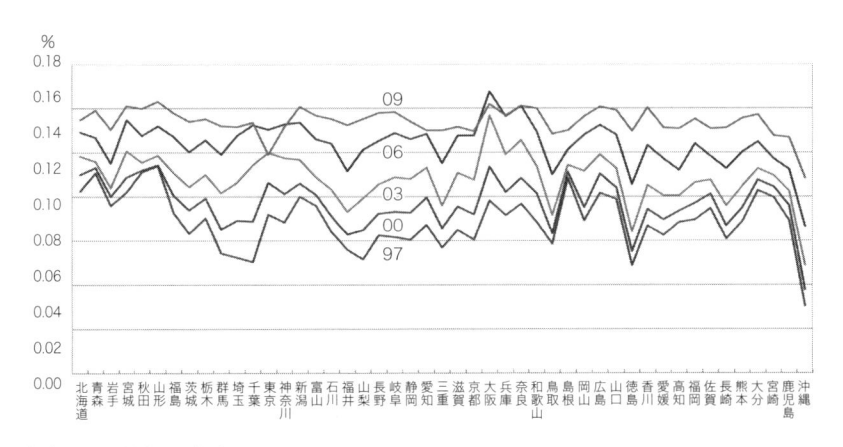

（注）表中の数字は，年度を示す。
**図5-9　一般住宅用地の都道府県別実効税率**

120　第5章　固定資産税の負担調整措置と税収の安定性

の0.343％まで上昇している。

　図5‐8は、基準年度における小規模住宅用地の都道府県別実効税率を示している。これによって、時間による実効税率の変化と併せて、地域間のばらつきの変化も確認できる。小規模住宅用地の実効税率は、2009年度を除

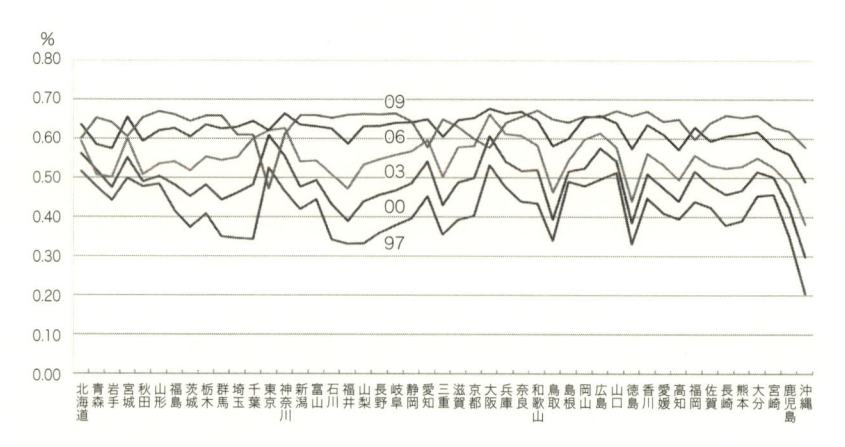

（注）表中の数字は、年度を示す。

**図5-10　商業地等の都道府県別実効税率**

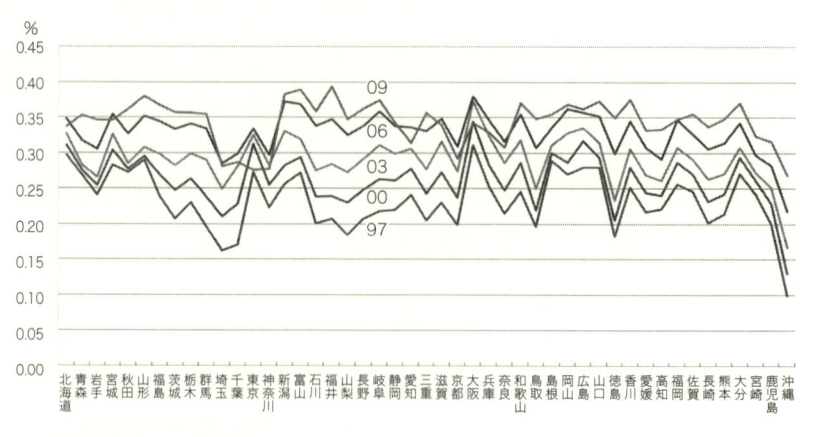

（注）表中の数字は、年度を示す。

**図5-11　宅地の都道府県別実効税率**

いてすべての都道府県で上昇している。2009年度には大都市を中心に実効税率が低下していることもわかる。実効税率の都道府県間格差は，最大/最小の倍率で1997年度の2.8倍から2009年度の1.3倍まで縮小している。変動係数でみても1997年度の0.160から2009年度の0.057まで低下しており，実効税率の地域間の均衡が進んでいるといえる。図5-9によって一般住宅用地の都道府県別実効税率をみると，小規模住宅用地の実効税率と同様の傾向を確認できる。実効税率の最大/最小の倍率は，1997年度の3.1倍から2009年度の1.4倍まで低下しており，変動係数は1997年度の0.180から2009年度の0.054まで低下している。商業地等の実効税率（図5-10）も同様に地域間の均衡が進んでおり，最大/最小の倍率は1997年度の2.6倍から2009年度の1.4倍に低下し，変動係数も1997年度の0.158から2009年度の0.056に低下している。宅地全体でみた実効税率（図5-11）は，最大/最小の倍率が1997年度の3.1倍から2009年度の1.5倍に低下し，変動係数も1997年度の0.175から2009年度の0.088に低下している。小規模住宅用地，一般住宅用地，商業地等のすべてで実効税率の都道府県間のばらつきが縮小していることを確認できる。これは，宅地の固定資産税負担の均衡化が進み，負担調整措置が目的として掲げている負担水準の均衡化を通じた税負担の公平が図られていることを示唆している。

### 3-2 分析の方法

(1)式の実効税率の定義式を変形すると，次の(3)式のようにして，宅地の実効税率の変化を宅地の固定資産税の変化と宅地資産額の変化の差に分解できる。

$$\ln \frac{ET_{it}}{ET_{it-1}} = \ln \frac{R_{it}}{R_{it-1}} - \ln \frac{V_{it}}{V_{it-1}} \cdots (3)$$

ただし，$ET_{it}$は都道府県$i$における$t$年度の実効税率，$R_{it}$は税収額（税支払額），$V_{it}$は宅地資産額である。(3)式において，$\ln \frac{ET_{it}}{ET_{it-1}}$は実効税率の変化率，

$\ln \dfrac{R_{it}}{R_{it-1}}$ は税収額の変化率, $\ln \dfrac{V_{it}}{V_{it-1}}$ は宅地資産額の変化率を意味する。(3)式からは, 税収額は税支払額に等しいので, 税支払額の増加と宅地資産額の減少が実効税率を上昇させることがわかる。逆に, 税支払額の減少と宅地資産額の増加は実効税率を低下させる。(3)式は, 地価の下落によって宅地資産額が減少すると実効税率が上昇することを示唆している。

実効税率の変化を分解することと併せて, 本章では税収の安定性も推計する。税収の安定性は, 次の(4)式によって検証する。

$$\ln \dfrac{ET_{it}}{ET_{it-1}} = \alpha + \beta \ln \dfrac{V_{it}}{V_{it-1}} + u_{it}, \ u_{it} = \mu_i + \lambda_t + \varepsilon_{it} \cdots (4)$$

記号は(3)式と同様であるが, $u_{it}$ は観察不可能な効果であり, 個別固定効果 $\mu_i$ と時間固定効果 $\lambda_t$ からなる。$\varepsilon_{it}$ は誤差項である。(4)式は, 観察不可能な効果として個別効果と時間効果を考慮した2方向固定効果モデルの推計式である。(4)式の係数 $\beta$ は, 宅地資産額の変化に対する実効税率の変化の弾力性を意味する。$\beta$ の意味を税収の安定性から解釈するには, (3)式を(4)式に代入して, 次の(5)式によるのがわかりやすい。

$$\Delta \ln R_{it} = \alpha + (\beta + 1) \Delta \ln V_{it} + u_{it} \cdots (5)$$

(5)式は, 税収と資産額の関係を表す変化モデルである。(5)式の係数($\beta$+1)は, 宅地資産額に対する税収の短期的所得弾力性である。したがって, 宅地の固定資産税の安定性を表す尺度として解釈できる[19]。$\beta$+1が1より小さいとき税収は安定性が高く, $\beta$+1が1より大きいとき税収は安定性が低い。したがって, 負の係数 $\beta$ は, 税収の安定性が高いことを意味すると同

---

19 第2章の(2)式, 第3章の(2)式と(4)式を参照。

時に実効税率の変化と宅地資産額の変化が負の関係にあることを意味する。正の係数 $\beta$ は，逆に，税収の安定性が低いことを意味すると同時に実効税率の変化と宅地資産額の変化が正の関係にあることを意味する。

本章の推計は，課税ベースである宅地資産額に対する税収の変化を測っている点で第2章のGDPに対する税収の所得弾力性や第3章の県内総生産に対する税収の所得弾力性とは異なる。しかしながら，GDPや県内総生産が住民税の課税ベースであることになぞらえると，宅地資産額に対する弾力性の推計は固定資産税の課税ベースに対する弾力性という点で同じ意味をもつといえる。

(4)式の推計は，3-1節と同様に，総務省『固定資産の価格等の概要調書』から課税標準額(法定免税点以上)と決定価格(総額)を用いた。推計期間は，地価の下落を考慮して，1997年度から2007年度までとした。変数の記述統計量は表5-3に示している。

**表5-3　記述統計量**

| | | 観察数 | 平均 | 中央値 | 最大値 | 最小値 | 標準偏差 |
|---|---|---|---|---|---|---|---|
| 小規模住宅用地 | 実行税率の変化率 | 517 | 0.053 | 0.045 | 0.467 | -0.070 | 0.046 |
| | 資産額の変化率 | 517 | -0.036 | -0.030 | 0.101 | -0.462 | 0.047 |
| 一般住宅用地 | 実行税率の変化率 | 517 | 0.050 | 0.043 | 0.360 | -0.098 | 0.039 |
| | 資産額の変化率 | 517 | -0.033 | -0.029 | 0.154 | -0.357 | 0.042 |
| 商業地等 | 実行税率の変化率 | 517 | 0.055 | 0.043 | 0.756 | -0.057 | 0.066 |
| | 資産額の変化率 | 517 | -0.057 | -0.050 | 0.080 | -0.782 | 0.066 |
| 宅地(合計) | 実行税率の変化率 | 517 | 0.047 | 0.037 | 0.577 | -0.062 | 0.053 |
| | 資産額の変化率 | 517 | -0.043 | -0.037 | 0.103 | -0.596 | 0.053 |

### 3-3 結果①:実効税率の変化の要因

図5-12から図5-15は,1997年度から2011年度の間で宅地の実効税率の変化を分解した結果を示している(図では,以下の記述の都合上,税収額を税支払額として表記した)。小規模住宅用地の実効税率(図5-12)は,

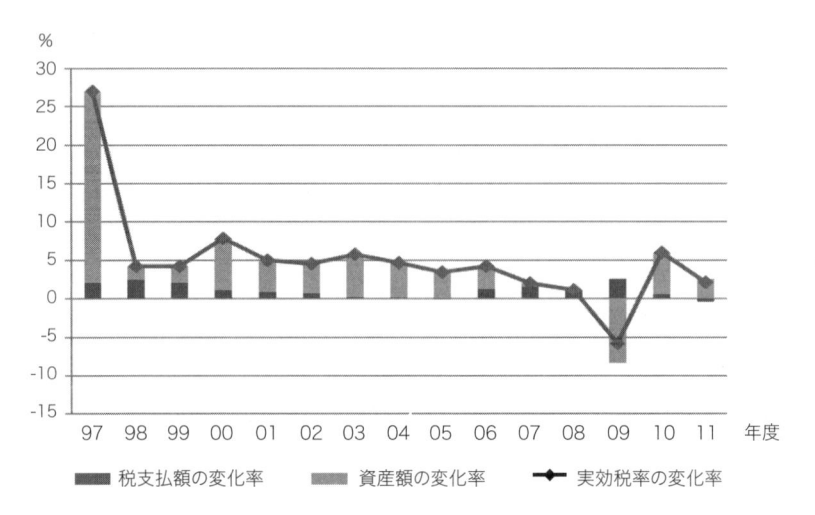

**図5-12 小規模住宅用地の実効税率の変化の要因の推移**

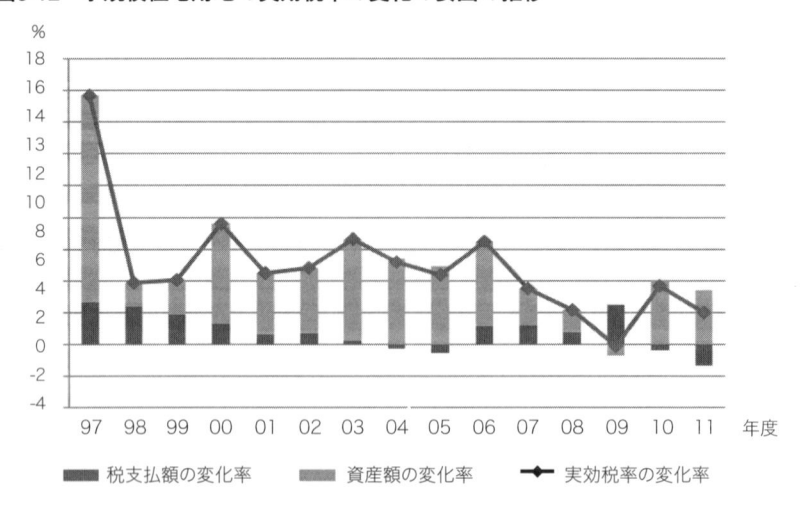

**図5-13 一般住宅用地の実効税率の変化の要因の推移**

3 宅地の固定資産税の実効税率　　*125*

2009年度を除いて，上昇している(同じことは，図5-7でも確認できる)。多くの年度で実効税率の変化は，税支払額よりも資産額から大きく影響を受けていることがわかる。この間に実効税率を上昇させた原因の大部分が，税支払額の増加ではなく，資産額の減少(つまり，地価の下落)であったことに

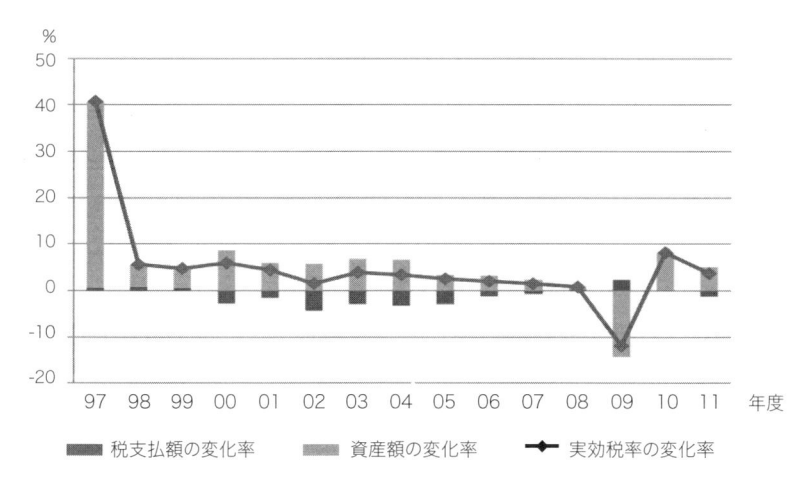

**図5-14　商業地等の実効税率の変化の要因の推移**

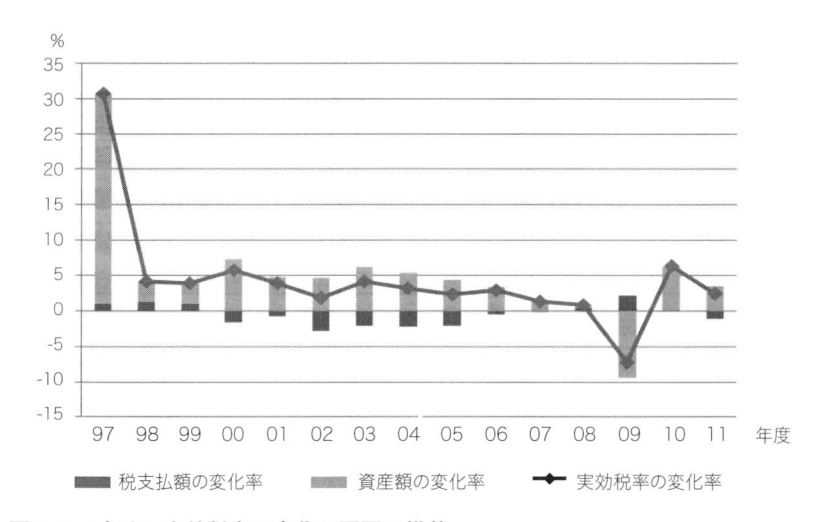

**図5-15　宅地の実効税率の変化の要因の推移**

126　第5章　固定資産税の負担調整措置と税収の安定性

なる。2009年度には実効税率が低下しているが、これもその多くは資産額の増加による。一般住宅用地の実効税率(図5-13)も、小規模住宅用地の場合と同じ傾向を示している。同様に商業地等(図5-14)も、資産額の減

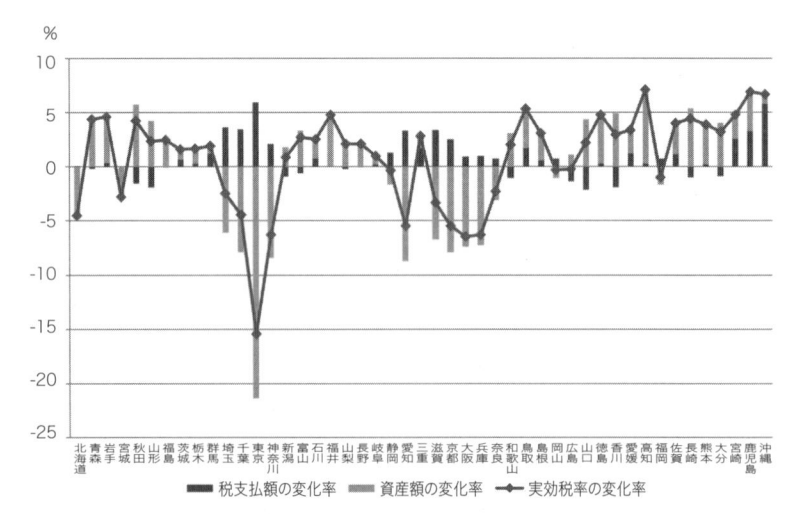

図5-16　小規模住宅用地の実効税率の変化の要因（都道府県別、2009年度）

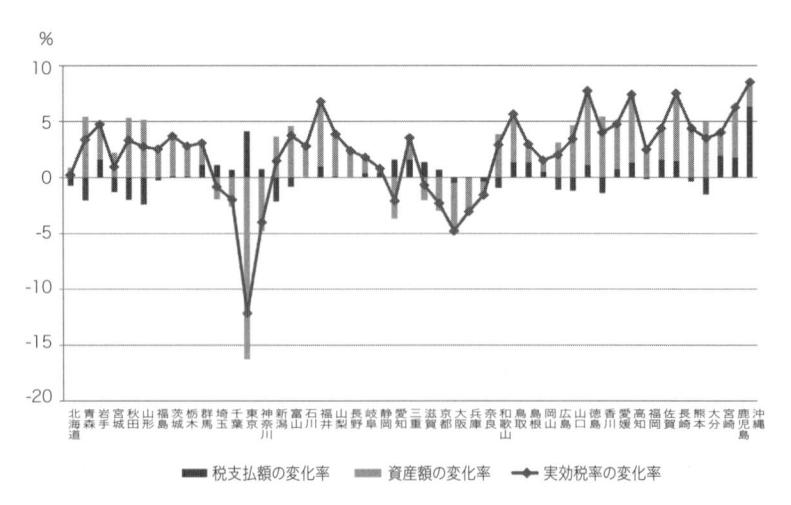

図5-17　一般住宅用地の実効税率の変化の要因（都道府県別、2009年度）

少によって実効税率の上昇を説明できる．住宅用地の場合と異なるのは，税支払額の低下が多くの年度にみられ，これが実効税率を引き下げていることである．商業地等では，税支払額の減少が実効税率を低下させ資産額の減少

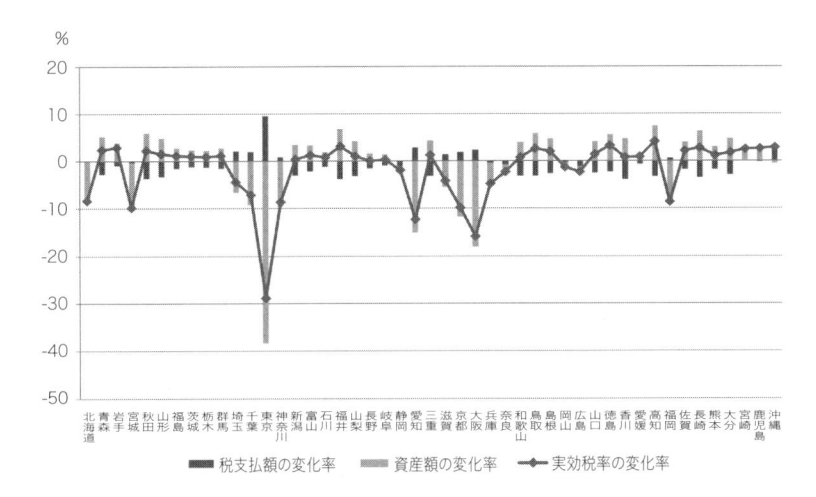

**図5-18 商業地等の実効税率の変化の要因（都道府県別、2009年度）**

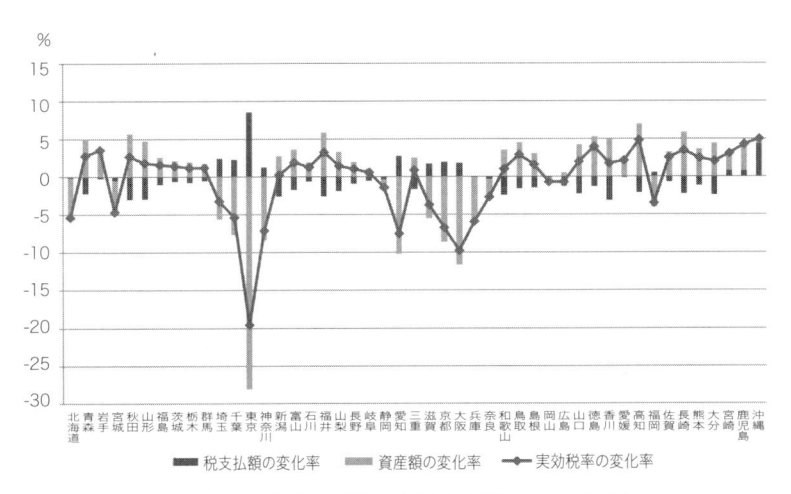

**図5-19 宅地の実効税率の変化の要因（都道府県別、2009年度）**

が実効税率を上昇させたが，資産額の減少の効果が大きく実効税率が上昇したのである。宅地全体の実効税率(図5-15)の傾向は，住宅用地よりも商業地等の傾向と似ているように見える。

図5-16から図5-19は，2009年度の実効税率の変化を都道府県別に示している。2009年度は実効税率が全国平均で低下しており，負担調整措置では住宅用地等に対する条例減額制度が導入されている。小規模住宅用地の実効税率(図5-16)は，東京や大阪などの関東，関西で低下している。これらの都府県で実効税率を下げた要因の多くが資産額の上昇であることがわかる。一般住宅用地(図5-17)，商業地等(図5-18)，宅地(図5-19)のいずれの場合も傾向は小規模住宅用地の場合と似ており，実効税率の変化は税支払額よりも資産額の変化が原因である。2009年度の全国平均での実効税率の低下は，東京，大阪，愛知などの大都市を中心に資産額が上昇したためであることがわかる。

### 3-4　結果②：税収の安定性

表5-4は，(4)式の弾力性係数の推計結果を示している。小規模住宅用地，一般住宅用地，商業地等，宅地(合計)のすべての弾力性係数は負である。したがって，宅地の固定資産税の税収は安定性が高く，宅地の実効税率の変化と宅地資産額の変化は負の関係にあることになる。

図5-20と図5-21は，(4)式のパネル推計によって得られた個別固定

表5-4　弾力性係数の推計結果

|  | 係数 | R2 |
|---|---|---|
| 小規模住宅用地 | -0.997 ＊＊<br>(0.012) | 0.964 |
| 一般住宅用地 | -0.992 ＊＊<br>(0.013) | 0.954 |
| 商業地等 | -0.979 ＊＊<br>(0.011) | 0.967 |
| 宅地(合計) | -0.981 ＊＊<br>(0.011) | 0.965 |

(注) (　)は標準誤差である。＊は5%有意水準，＊＊は1%有意水準を表す。

③ 宅地の固定資産税の実効税率　*129*

効果と時間固定効果を示している。個別固定効果(図 5-20)は，資産額の変化が実効税率の変化に与える効果において地域ごとに一定の傾向があることを示唆している。おおむね大都市でマイナスの効果が大きいようである。

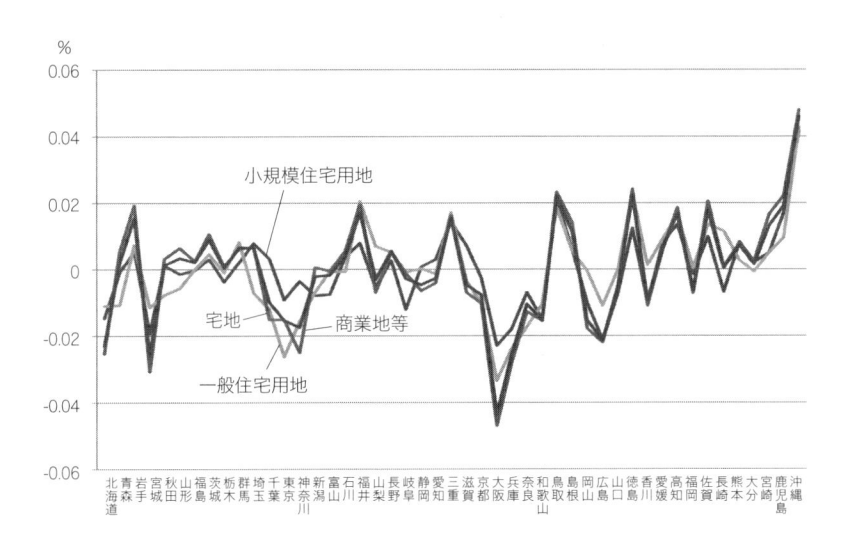

図5-20　個別固定効果

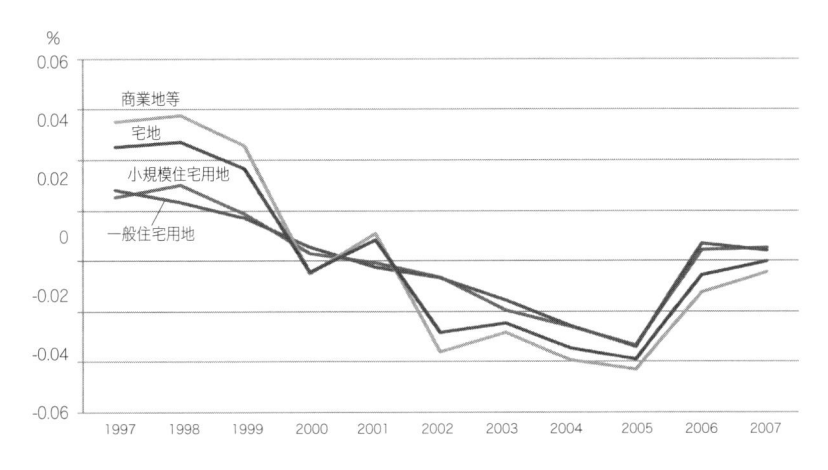

図5-21　時間固定効果

また，小規模住宅用地，一般住宅用地，商業地等の間にはあまり差はないようでもある。時間固定効果(図5-21)の傾向は，地価の下落幅が拡大していた時期にプラスであり，逆に地価の下落幅が縮小している時期にマイナスといえる。資産額の減少の拡大が実効税率を上昇させ，資産額の減少の縮小が実効税率を低下させることを示唆している。

## 4 考 察

　本章の目的は，宅地の固定資産税の実効税率の分析を通じて，負担調整措置の効果を検証し税収の安定性を考察することである。そのために，現行の負担調整措置が税負担の急増を回避しつつ税負担の均衡を図ることを意図していることを述べ，データによって税負担の均衡が進んでいることを確認した。実効税率の分析では，近年の実効税率の変化(上昇)は，税額(の増加)よりも資産額の変化(減少)が主な原因であることを示した。また，資産額の変化に対する実効税率の変化の弾力性の推計によって，実効税率の変化と資産額の変化の間には負の関係があり，宅地の固定資産税は安定性が高いことも示した。

　第3章は，本章と同じ期間によって県内総生産額に対する税収の所得弾力性を推計し，固定資産税の安定性を検証している。その結果は，有意な所得弾力性係数を得ることができず，固定資産税と景気循環の間に明確な関係を見出すことができなかった(表3-3を参照)。これと本章の結果を比較すると，固定資産税はGDPなどとは明確な関係をもたないけれども，課税ベースである土地資産額とは明確な関係をもつということである。課税ベースと税収の間に関係があることは，当然といえば当然である。それだけではなく，本章の結果は，景気循環としてのGDPの変化と地価の変化に乖離があることも示唆するといえる。

　ところで，本章が推計した税収の安定性の弾力性は極めて低い。これは，宅地の固定資産税の安定性が極めて高いことや資産額の上昇に対する固定資産税の増加が小さいことを意味する。これは負担調整措置の効果といえる。

負担調整措置は，課税標準額が据置き範囲に到達するまでは前年度の課税標準額を少しずつ引き上げて当該年度の課税標準額を計算する。据置き範囲に到達すると，課税標準額は前年度の水準に据置かれる。課税標準額が据置かれると，税負担も変化しない。本章は，多くの宅地が課税標準額を少しずつ引き上げながら据置き範囲に入っていった期間を対象にしている。このような負担調整措置による漸進的な課税標準額の引上げは，税収の急増を緩和したと同時に，税収の安定性を高めたといえる。

図5-22は，実効税率の変化と資産額の変化の負の関係を視覚的に示している。(4)式で推計した弾力性係数が負であることを踏まえて，実効税率の変化と資産額の変化の関係を右下がりの直線で示している。地価の下落により資産額が減少するとき，資産額の変化率は負である。実効税率が上昇するとき，実効税率の変化率は正である。この図によって，地価が下落しているときに実効税率が上昇し，逆に地価が上昇しているときに実効税率が低下している関係を理解できる。ここで重要なことは，右下がりで表された傾きは，同時に税収の安定性が高いことを意味することである。

もし税収の安定性が低いならば傾きは正であり，実効税率の変化と資産額の変化も正の関係になる。このときには，地価が上昇しているときに実効税率も上昇している。((3)式を思い出すと，)これは地価の上昇による実効税率

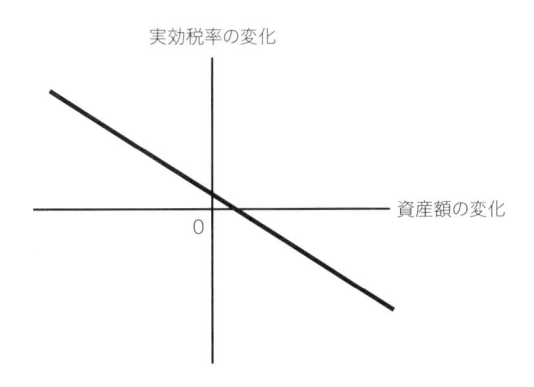

**図5-22 実効税率の変化と資産額の変化の関係**

の低下の効果を超えて税負担が増加するときに生じる。資産額の変化率よりも税額の変化率の方が大きくなり，したがって，弾力性は1を超え税収の安定性も低くなるのである。この考察からは，税収の安定性にとって負担調整率の大きさが重要であるという含意が得られる。負担調整率の大きさが課税標準額の増加額を決め固定資産税の増加額を決めるのである。したがって，負担調整率が大きくなると固定資産税の増加も大きくなり，税収の安定性も損なわれることになる。

地価の下落と重なって導入された新たな負担調整措置は，「地価が下がっているのに固定資産税が上がる」として納税者から多くの批判を浴びた。確かに負担調整措置は地価が下落しているときに固定資産税を引き上げる役割を果たした。しかし，地価下落期に課税標準額を引き上げたそもそもの原因は，負担調整措置ではなく，7割評価である。負担調整措置は，むしろ，7割評価による急激な評価額の上昇を緩和する仕組みであり，税負担の急増を抑制し税収の安定性を高めたのである。税収の安定性を維持する範囲で徐々に課税標準額を引き上げたという税負担の激変緩和の機能にも注目すべきである。

## 5 おわりに

本章は，固定資産税の負担調整措置に焦点を当て，これが固定資産税の安定性に寄与してきたことを明らかにした。実効税率を分析することで，地域間の税負担の格差が縮小し公平性が向上していることも確認した。税収の安定性だけでなく，負担水準の均衡による税負担の公平の向上も負担調整措置の功績である。

固定資産税は，長い間，税率に変化がない。したがって，固定資産税の税収が安定的であることは課税標準額が安定的であることを意味する。本章は『固定資産の価格等の概要調書』から宅地の課税標準額を求め，実効税率や税収の変化を分析した。しかしながら，固定資産税の安定性の分析としては不十分かもしれない。そもそも家屋や償却資産を分析していないし，宅地以

## 5 おわりに

外の土地も対象にしていない。また，固定資産税には3年間の評価額の据置き期間がある。据置き期間の存在が税収の安定性に及ぼす影響は，資産再評価のタイミングの問題として固定資産税(財産税)の分析において関心の高い課題である。本章に残された課題は多い。

# 第6章　固定資産税の安定性と課税標準の選択

## 1　はじめに

　本章は、固定資産税の課税標準の選択の問題に税収の安定性の視点から接近する。固定資産税の課税標準には何がふさわしいのかを検証することは課税標準の選択論と呼ばれ、資産保有税の伝統的な論点である。資産保有税の課税標準にはいくつかの選択肢がある。たとえば資産評価の仕組みによって評価額を算定する方法や実際の取引価格をそのまま用いる方法がある。さらにそれぞれの場合に賃貸価格と資本価格の選択肢がある。その他には、平米当たり単価などの外形標準的な方法もある。このように多くの選択肢の中から望ましい課税標準を選択することは、資産保有税にとって重要な課題である。本章は、これらの選択肢の中からとくに資産評価による資本価格と賃貸価格を取り上げて比較することで、課税標準の選択論に取り組む。

　先行研究における課税標準の選択論の主流的なアプローチは、租税原則や地方税原則に照らして各種の課税標準の望ましさを検討するものである。しかし、残念ながら先行研究の多くは、望ましい課税標準を明確に示せていない。それに対して、本章は先行研究とは異なるアプローチで固定資産税の課税標準の選択の問題に接近し、より現実的に課税標準の望ましさを判断して固定資産税の課税標準は資本価格が望ましいことを述べる。

　本章が先行研究とは異なるアプローチを用いる最大の理由は、課税標準の間にはそもそも優劣がないと考えるからである。たとえば賃貸価格と資本価格の間に課税標準としての優劣があるとは考えないのであり、すべての課税標準は課税標準として対等と考えるのである。もっとも望ましい課税標準を租税原則から導くという先行研究のアプローチは、租税原則などの基準を共

通の物差しとして利用することで課税標準の望ましさを比較できるという考え方を前提にしている。本章は，この前提に無理があると考える。たとえ租税原則を共通の物差しにしたとしても，課税標準をランク付けすることには無理があると考えるのである。資本価格と賃貸価格のどちらが優れているかという問いそのものが正しくないのである。

　本章は，課税標準の間にあるのは「優劣」ではなく，性質の「違い」であると考える。したがって，本章の望ましい課税標準の選択論は，まず課税標準としての資本価格と賃貸価格の性質の違いを明らかにすることから始める。ここでは，制度的な整合性の観点から課税標準の性格を検討する。たとえ選択された課税標準が資本価格であろうと賃貸価格であろうと，そのこと自体に優劣はなく，それぞれにふさわしい理由と税の仕組みがあればよいと判断する。本章は，固定資産税の性格が財産税であれば資本価格が望ましく，収益税であれば賃貸価格が望ましいと判断する。

　次に本章は，安定性の観点から課税標準を比較する。本章の安定性の観点からの比較は，先行研究における租税原則からのアプローチとは異なる意味をもつ。先行研究は，固定資産税にとって重視すべき租税原則は何かという視点からいくつかの原則を取り出して重視する。このアプローチでは租税原則の意味そのものも議論の対象になる。一方，本章が安定性の観点から課税標準を比較するのは，逆に，固定資産税自身が安定性を重視して課税標準を選択しているからである。

　幸いにも公平性や応益性などの観点と比べると，安定性の観点は評価尺度の問題が少なく直観的にも理解しやすい。また，実際のところ，応益性や公平性によって課税標準に優劣や順位を付けることは困難でもある。応益性からの判断と公平性からの判断が異なるときにどちらを優先するかも難しい。それこそ見方によっては，資本価値と賃貸価値はともに応益性を満たし公平性を満たすといえる。先行研究がコンセンサスを得ることに失敗したりなかなか明確な結論に至らない原因の一端はここにあると考えられる。

　本章は，固定資産税の課税標準には資本価格が望ましいことを述べるだけでなく，比較分析として香港レイトを取り上げ，香港レイトの課税標準は賃貸価格が望ましいことも示す。複数の課税標準がそれぞれに望ましいことを

示すことによって，課税標準の望ましさは一概にはいえず，それぞれに望ましい場合があることを述べるのである。ここで香港レイトを取り上げる理由は，「資本価格よりも賃貸価格の方が安定性が高い」ことを理由にして香港レイトが賃貸価格を選択していることにある。「賃貸価格よりも資本価格の方が安定性が高い」という理由で固定資産税が資本価格を選択していることと対照的であり，比較分析の対象として分かりやすい。本章は，この一見相対立する主張がいずれも正しいことを示し，資本価格も賃貸価格も望ましい課税標準であることを述べる。

本章の構成は次のとおりである。第2節は，固定資産税における課税標準の選択論を説明し，本章の考え方を明確にする。固定資産税の性格論を整理して現行の固定資産税が財産税であることを述べ，固定資産税が課税標準として資本価格を選択した経緯を確認する。第3節は，香港レイトとの比較分析を行う。香港レイトの仕組みや考え方を固定資産税との比較で説明し，課税標準の安定性を検証して，固定資産税では資本価格，香港レイトでは賃貸価格がそれぞれ課税標準として望ましいことを示す。第4節は本章の分析を考察し，第5節はまとめである。

## 2 固定資産税における課税標準の選択

### 2-1 資産保有税における課税標準の選択論

資産保有税における課税標準の選択論は，望ましい資産保有税のあり方を議論する際の伝統的な論点のひとつである。そこには多くの先行研究が存在するが，しかし，コンセンサスを得るような結論には至っていない。この分野における最近のまとまった研究成果のひとつである篠原(2009)は，「課税標準を選択する基準がいろいろ示されていたとしても，このうちどれを重視するかによって望ましい課税標準のあり方は違ってくる。したがって，基準間での優先順位をつける必要がある。もっとも，租税原則の場合と同様，どのような基準が望ましいかは，時代によってあるいは国によっても異なるだろう。一体，何を基準として様々な基準間で優先順位づけを行ったらよいだ

ろうか。」[1]と問い，McCluskey et al.（1988）やIAAO（1997）などの議論を踏まえて「望ましい課税標準を選択する基準を考える視点として，納税者の視点を最も重視する」[2]とし，租税原則や地方税原則の中から納税者の視点として「公平，簡素，歳入の十分性及び安定性」を選択している。そして，「地方分権の観点からは地方財源を充実させる必要があり，そのためには伸張性の高い課税標準が望まれること」，「税収の変動性の問題は，インデクセーションで調整可能なこと」，「現時点では，特に居住用不動産に関して，売買実例データの方が賃貸価格料データよりも相対的に情報の入手が容易であるとかんがえられること」，「資本価値はシャウプ税制以来約50年間の実績があり，納税者も課税当局もそれに慣れ親しんでおり，現行制度の変更は混乱が予想されること」を理由にして，「結局，どの課税標準も一長一短である。しかし，あえて選択するとしたら資本価値がもっとも望ましいと考えられる」と結論する[3]。このように篠原（2009）をはじめ多くの先行研究は，あらかじめ租税原則や地方税原則が求める各種の基準に優劣を付け，その基準に基づいて課税標準の望ましさを評価する方法を採用している。

本章は，ここに，先行研究の多くが課税標準の選択基準のあり方を述べる原則論に終始したり，課税標準の望ましさを明確に判断できない理由があると考える。

そもそも租税原則が示す各種の基準にあらかじめ優先順位を付けることは望ましくない。租税原則は，課税標準のあり方を含めて，望ましい租税体系を設計する際に考慮すべき条件を原則論としてまとめたものである。いずれの基準も同様に重要であり，篠原（2009）が述べるように，優先順位は「時代によって，国によっても異なる」。そうであるならば，むしろ，これをそのまま受け入れるべきである。租税原則の各基準に優劣はないのであり，たとえば公平，中立，簡素は同じ程度に重要なのである。

租税原則に優先順位を付してどの課税標準が望ましいのかを検討するアプローチの代わりに，第1に，本章は制度の整合性を重視する。表6-1は，

---

1 篠原（2009）240ページ。
2 篠原（2009）240ページ。
3 篠原（2009）250-251ページ。

### 表6-1 課税標準の選択と望ましい資産保有税制度の関係

|  | 収益税 | 財産税 |
|---|---|---|
| 望ましい課税標準 | 賃貸価格 | 資本価格 |
| 課税対象 | 資産利用 | 資産保有 |
| 納税義務者 | 資産利用者 | 資産保有者 |
| 税負担の激変緩和措置 | 不要(税支払能力の変化に応じて税負担額が変化する) | 必要(税支払能力の変化と税負担額の変化に強い関係がない) |

(出所)石田(2010c)表4を修正。

本章が考える制度的に矛盾のない資産保有税である。ここでは，固定資産税の性格に応じて，課税標準，課税対象，納税義務者，税負担への配慮という5つの項目でそれぞれ望ましい方法を示している。

資産保有税は，収益税であっても財産税であっても，同じ程度に望ましい。まずここから本章は議論を始める。歴史的な背景，他の税を含めた全体的な税制の体系や整合性，不動産市場の状況や納税義務者の経済状況などさまざまな要因を考慮して，それぞれの国が資産保有税を設計している。そこで大切なことは，それが収益税であろうと財産税であろうと，それぞれにふさわしい整合的な制度が設計されていることである。

収益税としての資産保有税は，資産が収益を得ることに着目した税である。この場合，資産の利用に着目して税負担を求めていることになり，資産保有税は資産利用の対価の意味をもつ。したがって，課税標準は資産利用の対価の性格をもつ賃貸価格がふさわしい。納税義務者は，資産の利用に着目した税であることから資産利用者がよい。税負担を求める背景に資産利用からの収益を見込んでいることを踏まえると，税負担の変化への配慮も(原則的には)不要である。たとえ税負担が急上昇したとしても，その裏付けとして資産からの収益が急激に増加しているはずだからである[4]。

一方，財産税としての資産保有税は，資産の保有に着目した税である。こ

---

[4] しかしながら，想定を超えるような収益の極端な低下が生じた場合には，税負担軽減の措置を講じてもよいかもしれない。

の場合，課税標準は資産を所有することの価値として，資本価格がふさわしい。納税義務者も，資産の保有に着目した税であることから資産保有者がよい。また，資産の継続的な保有を前提として税支払の原資となる所得の裏付けとは直接的な関係なく税負担を求めるので，基本的には，税負担の変化への配慮の仕組みを設けることが望ましい[5]。

課税標準の選択論において租税原則の観点から重要なのは，それぞれの資産保有税がそれぞれの性格を踏まえて体系的に整合的な制度を設計しているかどうかである。制度の趣旨に一貫性をもたせずパッチワーク的に設計した税は，それ自体が制度的な矛盾を抱えており望ましくない。課税標準の望ましさは，納税義務者や税負担への配慮の仕方などを含めて制度の整合性の観点から評価されるべきである。これは，税体系上の整合性と言い換えることもできる。

表6-1で示した望ましい資産保有税の設計図は，固定資産税の課税標準の選択の問題が，究極的には，固定資産税の性格論に行き着くことを示唆している。固定資産税の制度設計では，保有に着目する(財産税)のか，あるいは利用に着目する(収益税)のかが決定的に重要なのである。本章のこのような考えは，税制調査会(1963)が負担調整措置の議論を固定資産税の性格論から始めたことにも通じる[6]。本章は，固定資産税を財産税として理解している。

このような前提に立って，本章はアプローチの第2として，課税標準を安定性の観点から評価する。これは，租税原則の各基準の中で固定資産税には安定性がもっとも重要であるという考えからではない。逆である。固定資産税自身が安定性を重視しているからである。固定資産税が自分自身で安定性を重視し，賃貸価格よりも資本価格の安定性が高いと判断し，課税標準として資本価格を選択しているのである。したがって，本章の検証は固定資産税が自分で下した判断の妥当性を確認しているともいえる。もし固定資産税が公平性や伸張性など他の条件を重視して課税標準を選択しているならば，その観点から課税標準を評価することになる。

---

5 固定資産税では，これが負担調整措置である。負担調整措置の意義は，第5章を参照。
6 第5章第2節を参照。

結論としては，賃貸価格よりも資本価格の安定性が高ければ，固定資産税の判断は正しかったことになる。固定資産税は安定性を重視したことにふさわしい課税標準を選んでいるのであり，さらにそれは財産税の性格をもつ制度の中に整合的に組み込まれていることになる。しかし，資本価格よりも賃貸価格の安定性が高いならば，固定資産税の判断は間違っていることになり，課税標準は資本価格よりも賃貸価格が望ましいことになる。このとき，望ましい固定資産税としては課税標準を賃貸価格に変更するだけでは済まない。賃貸価格に整合的な固定資産税の性格は収益税である。納税義務者や税負担への配慮の仕方も財産税と収益税は異なる。制度上の整合性を重視する観点からすれば，課税標準の選択は固定資産税の部分に関わる限定的な問題というわけにはいかず，固定資産税の仕組みのすべてに関わる全体の問題になる。したがって，このとき固定資産税は抜本的な改革を迫られることになる。

香港レイトは固定資産税と同じく安定性を重視するが，収益税として設計されており，固定資産税とはすべての点で対照的である。収益税であることから，当然，香港レイトの課税標準は賃貸価格である。香港レイトの事例を示すことは，資産保有税の課税標準の選択が資本価格や賃貸価格そのものの性質や租税原則との関係からではなく，それぞれに望ましい場合がありそれぞれにおいて判断されるべきであることの裏付けになる。

以上のように考えて，本章は租税原則の各基準を使った課税標準の望ましさの議論をしないのであるが，これにはそもそもこの方法によって課税標準の優劣を判断することが困難であるという消極的な理由もある。租税原則によって固定資産税の課税標準を議論する場合，公平，中立，簡素の3原則に加えて7つの地方税原則から検討が加えられることが多い。普遍性の原則は，課税客体である固定資産が全国津々浦々の市町村に存在することを求める。普遍性の観点から賃貸価格と資本価格の優劣を判断することは困難である。資本価格の存在するところには，必ず，賃貸価格も存在する。償却資産は都市部に集中する傾向があるが，これは課税標準の選択とは別の問題である。同様に応益性でも，賃貸価格と資本価格に優劣をつけることは困難である[7]。応益性は，行政サービスからの受益との対応関係に基づいて税負担を求める。賃貸価格は，固定資産の収益に着目して税負担を求めるときに課税標準とし

て採用される。収益に着目した課税は応益原則そのものであり、したがって、賃貸価格は応益原則になじみやすい課税標準とされている。しかし、賃貸価格が応益性と高い親和性をもつことと同じくらい、資本価格もまた応益性の趣旨に沿う課税標準である。たとえば不動産鑑定評価は行政が地域に提供する便益を不動産の価格形成要因として考慮しており、行政サービスがもたらす便益は固定資産の資本価格に影響すると考えるのが自然である。つまり資本価格もまた、賃貸価格と同様に、行政サービスを反映するといえる。賃貸価格の高い(低い)固定資産は、通常、資本価格も高い(低い)。賃貸価格と資本価格の関係を考えると、そのどちらかだけが行政サービスの受益を価格に反映しているということの方が不自然である。

　結局、租税原則などの原則論のみで賃貸価格と資本価格の課税標準としての優劣を判断することはできないのである。原則論としては賃貸価格も資本価格も同じように課税標準として望ましいとしかいいようがない。これは、原則論による議論の限界ともいえる。一方で、課税標準の選択は原則論の範囲を超えた現実的で具体的な論点である。このためには租税原則とは異なる具体的な基準が必要である。

### 2-2　固定資産税の性格をめぐる議論

　固定資産税の課税標準の選択にとってもっとも重要な問題が固定資産税の性格である。固定資産税の性格をめぐっては、収益税説と財産税説の対立がある。先行研究をみると、収益税説は財政学に多く、財産税説は税法学に多いようである。最近では、収益税と財産税の折衷的なものとして収益税的財産税、もしくは単に形式的財産税とする見解もある。折衷的な見解は、形式

---

7　固定資産税の応益性に関して、篠原(2009)は、「納税者の視点を重視するならば、負担配分の原則としては応能原則に基づかざるをえないと考える。(中略)納税者の立場から見た場合、公共サービスによりもたらされる便益が測定困難である以上、結局、行政サービスからの受益の程度を基本とせざるをえない応益原則というのは解りやすいものであるとは思えない。納税者への便益の配分状況を最もよく反映する課税標準を選択するといっても、そのようにして選ばれた課税標準が果たして適切なものであるのかを個々の納税者がチェックすることは困難である。したがって、固定資産税の課税根拠を一般的利益説に求めるとしても、負担配分の公平に関しては、応能原則に従い財産価値全体を基準として課税せざるをえない。」(244ページ)と述べ、興味深い見解を示している。

上は財産税であるとしながらもその内容は収益税的であるとして，収益税的な要素を重視する。

固定資産税の性格をめぐる議論へのアプローチの第1は，固定資産税の創設時の経緯に着目する。固定資産税は，収益税である地租や家屋税などを前身にしている[8]。1950年度のシャウプ税制は土地と家屋に加えてすべての事業用償却資産を課税対象に含むことで固定資産税を創設し，それに合わせて，課税標準を賃貸価格から資本価格へと変更した。財産税説は，課税標準が資本価格に変更されたことを根拠にして固定資産税を財産税であると考える。本章の見解はこれである。一方，収益税説は，シャウプ勧告は償却資産を課税対象に加えるために仕方がなく課税標準を変更しただけであり，その本心は地租や家屋税と変わらず収益税のままであると考える。収益税的財産税説は，このシャウプ勧告の本心を重視したり固定資産税の(とくに評価の)仕組みに含まれる収益への配慮を重視して，形式的には財産税であるが実質的には収益税であると考える。第2は，望ましい固定資産税の性格という観点から考えて，固定資産税は収益税であるべきだと考える。恒松(1970)はこれであり，固定資産税は可能性としての資産の収益に対して課する収益税であるとする[9]。第3は，固定資産税の応益性から収益税を導く。応益税の考え方では，受益との対応関係の中で税負担を求める。そこで，固定資産税の実際の負担が収益の範囲内に収まっていることに着目し，応益税として収益の範囲内で税負担を求めるのが固定資産税であるとして，収益税であると理解する。

表6-2は，固定資産税の性格に関する主な公式見解をまとめている[10]。「資産を所有することに担税力を見出して課せられる物税」(『地方税制の現状とその運営の実態』)，「土地に対する固定資産税は土地の資産価格に着目し，その所有という事実に担税力を認めて課する一種の財産税であって，

---

8 船舶税，電柱税，軌道税なども償却資産課税につながるものとされている(『地方税制の現状とその運営の実態』(2008)436ページ)。
9 恒松(1970)165ページ。
10 実質的に，『地方税制の現状とその運営の実態』は総務省自治税務局，『五訂地方財政小辞典』は総務省自治財政局の見解として解釈できる。

## 表6-2　固定資産税の性格に関する主な公式見解

| | |
|---|---|
| 財産税説 | 1. 固定資産税は，固定資産(土地，家屋及び償却資産)の資産価値に着目し，その資産を所有することに担税力を見出して課せられる物税であって，その課税標準は，これらの資産の価格(適正な時価)とされている。(『地方税制の現状とその運営の実態』)<br>2. 土地に対する固定資産税は土地の資産価格に着目し，その所有という事実に担税力を認めて課する一種の財産税であって，個々の土地の収益性の有無にかかわらず，その所有者に対して課するものであるから，その課税標準とされている土地の価格である適正な時価とは，正常な条件の下に成立する当該土地の取引価格，すなわち客観的な交換価値をいうと解される(中略)。上記の適正な時価を，その年度において土地から得ることのできる収益を基準に資本還元して導き出される当該土地の価格をいうものと解釈すべき根拠はない。(円山事件最高裁判決(2006年7月7日)) |
| 収益税説 | 1. 収得税とは，人が収入を得ているという事実に着目して課する税であり，特定の人に帰属する所得に課する所得税と，特定の人が所有するところの収益をもたらすと考えられる物に課する収益税に分けられる。収得税として，地方税では，住民税(収得税のうちの所得税)，事業税，固定資産税(収得税のうちの収益税)等がある。(中略)財産税とは，財産を所有しているという事実に着目して課する税である。この財産税は，財産そのものを税源とする実質的財産税と，財産所有者の所得を税源とする形式的財産税に分けられる。国税の相続税は財産税の一種であるが，地方税では，固定資産税がその性格を持っているとする説もある。(『五訂地方財政小辞典』) |

(出所)　(財)地方財務協会(2008)『地方税制の現状とその運営の実態』442ページ。石原・嶋津(2004)『五訂地方財政小辞典』295ページ。「固定資産税の適正な時価の評価手法に関する事件についての最高裁判決(円山町固定資産税収益還元法事件上告審判決)の理由4」。

個々の土地の収益性の有無にかかわらず，その所有者に対して課する」(2006年7月7日最高裁判決)といった説明は，固定資産税を財産税として理解している。一方，「地方税では，固定資産税がその(財産税の)性格を持っているとする説もある」(『五訂地方財政小辞典』)は，固定資産税の基本的な性格を収益税として理解している[11]。

---

11　財政学にもっとも近いと考えられる『五訂地方財政小辞典』だけが固定資産税を収益税としていることは，本質的な問題ではないが，面白い。

これらの3つの公式見解の中で課税実務の現場がもっとも重視するのは，最高裁判決である。固定資産税の性格をめぐる議論は，財政学からすれば，未だ決着をみていない論点といえる。しかしながら，実務家の意識は異なる。最高裁判決が固定資産税を財産税であると示した時点で完全に決着がついている[12]。

### 2-3 固定資産税における資本価格の意味

すでに述べたように，1950年度の新地方税が固定資産税の課税標準に資本価格を採用したのはシャウプ勧告に由来する。シャウプ勧告は，「利益の一つは，本税を土地建物に限定しないで，減価償却の可能なあらゆる事業資産，即ち，機械設備，大桶，窯等を包括するように拡大するという後述の勧告と関連がある。かような資産は，賃貸価格の年額を課税標準とした税表にはうまく包含できない。もしもそれらが資本基準で評価され，土地，建物が賃貸価格基準のままであるとすれば，建造物について，建物(不動産)と然らざるもの−即ち「不動産」と，「動産」とを区別することが必要になるであろう。この区別をすることは困難なことが多く，また，この困難であることこそ，われわれが減価償却の可能な，あらゆる資産を本税の課税標準に加えることを勧告する一つの理由である。(本文改行)もう一つの利益は，事業資産(減価償却の可能な資産および土地)の再評価を認めるという(中略)勧告と関連がある。所得税における減価償却を増大し，譲渡所得を減少しようとして，納税者が甚だしく過大評価することを避けるためには，税制に自動的制限をおく必要がある。これらの制限の一つは地租家屋税のための価格を所得税における再評価のために認められる価格から，その後の減価償却を差引いた額以下にしないことを要求することによって獲得できる。この制限を獲得するためには，地租家屋税は賃貸価格ではなく資本価格に課税せらるべきである。」[13]のように課税標準の変更理由を説明している。篠原(2009)は，こ

---

[12] 学問上の論争をよそにして裁判が議論にけりをつけることをどう理解してよいのかわからないが，悲しい。
[13] 『シャウプ勧告』第12章。

の提案の趣旨を「要するに，課税標準が資本価格へ変更されたのは，一つは，地方自治を存続させるためには財源が必要であり，そのためには，課税対象として新たに事業用償却資産を加えるとともに，賃貸価格よりも安定性には欠けるが伸張性の高い資本価値の方が望まれたということである。また，賃貸価格は課税標準としての安定性を有するが，当時は家賃統制が行われていたため，その適正な評価が困難であるとともに，インフレ経済下にあっては税収損失の効果が大きいと考えられたからである。もう一つの側面は，事業用資産の再評価の実効性を高めるためには，課税対象を拡大し，課税標準を事業用資産の再評価の際と同じ資本価値へ変更する必要があったということである。」[14]と説明している。資本価格は（賃貸価格に比べて）安定性に欠けるが伸張性が高い，賃貸価格は課税標準としての安定性を有するといった指摘は興味深い[15]。シャウプ勧告は固定資産税に安定性よりも伸張性を求めたのであり，だから課税標準として資本価格を選択したことになる[16]。

　地方税法は固定資産税の課税標準を適正な時価とした[17]。これは資本価格を意味するが，当初，資本価格の算定は固定資産評価基準に「準じて」行うこととされていた[18]。したがって，必ずしも固定資産評価基準の方法に従う必要がないことから，たとえば賃貸価格の倍率によるなど地租や家屋税の時代に実施してきた賃貸価格を算定するための評価方法を応用して資本価格を算定する地方団体が多かった。このようにして計算された課税標準は，実質的には資本価格ではなく，賃貸価格といえる[19]。評価方法の今日のような統一は，『固定資産評価制度調査会答申』を受けた1964年度からである。つまり1950年度から1963年度までは，地域の実情に配慮しているといえるが評

---

14　篠原（2009）237ページ。
15　これは本章の見解と異なるが，当時の経済状況ではそうだったということである。
16　実際のところは，家賃統制の影響を受けた賃貸価格は使えない，賃貸価格をそのまま使うことは地租や家屋税の影響を引きずってしまうので止めたい，というのが正直なところのようにも思われる。
17　第5章第1-2節も参照。
18　固定資産評価制度調査会（1961）1ページ。
19　固定資産税の性格をめぐる議論の中に，固定資産税は実質的に収益税として始まったとするものがある。これは，このような当時の資産評価の状況を踏まえたものである。

価方法にばらつきがあったことになる。

『固定資産評価制度調査会答申』は,「課税の基礎となる固定資産の価格を時価によるものとすることは,時価が資産の価値を,通常,最も適正に,かつ,客観的に表現するものであること,過大な,若しくは不均衡な評価が行われた場合においても,納税者が比較的容易に判断を下すことができるので,納税者の立場を保護することになること等の観点からして,適切であると考える。」[20]として固定資産税の課税標準を時価とすることの利点を述べている。そして,課税標準としての資本価格は正常価格によるべきとし,正常価格は「直ちに,現実の取引価格と同一視すべきではない。現実の取引価格は,当事者間の事情等によって左右され,正常な条件と目し得ない主観的特殊的な条件のもとに成立しているものもあるから,正常価格は,現実の取引価格のうち,このような正常でない条件による部分があるときは,これを捨象して得られるその資産自体の本来の価値を適正に反映した価格」[21]でなければならないとその意義を述べている。

この正常価格の考え方は,現在でもそのまま受け入れられている。ただ近年では,「適正な時価とは,正常な条件の下に成立する当該土地の取引価格,すなわち客観的な交換価値をいうと解される」(2003年6月26日最高裁判決)を踏まえて,客観的交換価値の表現を使うことも多い。正常価格と客観的交換価値が同じ意味であることは,両者が正常な条件の下に成立する取引価格という趣旨を共有することから明らかである。

その後,1969年に地価公示制度,1974年に都道府県地価調査制度が設けられる。これらはそれぞれ「正常な価格」と「標準価格」を判定するが,その趣旨は固定資産税評価額の正常価格と同じである。いずれも「自由な取引が行われるとした場合におけるその取引において通常成立すると認められる価格」(地価公示法第2条の2,国土利用計画法施行令第9条の2)とされている。

このようにして複数の制度からなる公的土地評価制度が整うが,1980年

---

20　固定資産評価制度調査会(1961)11-12ページ。
21　固定資産評価制度調査会(1961)12ページ。

代後半以降バブル経済による超急激な地価の上昇を迎えると，これらは実勢価格を加えて一物四価と称され，公的評価（地価公示価格，相続税評価額，固定資産税評価額）の間の不均衡が指摘される。そこで1989年の土地基本法は公的土地評価の均衡を求めることになる。これを受けた固定資産税は1994年度の評価替えから，宅地の固定資産税評価について「経過措置」として地価公示価格の7割を目途とした評価を行う[22]。

公的土地評価間の均衡を図るために宅地に7割評価を導入したとはいえ，固定資産税評価額そのものの趣旨は従前と変わらない[23]。固定資産税は，固定資産の継続的な保有を前提にした税である。したがって，課税基準である「適正な時価」は固定資産を保有することの価値ということになる。この価値を固定資産税は客観的交換価値や正常価格と表現するのであり，これが固定資産税における資本価格の意味である。

公的土地評価制度の中心は，制度的には，地価公示制度である。しかしながら実態からみれば，固定資産税評価がもっとも重いといえる。固定資産税評価はすべての土地に評価額を与えており，他の公的評価と比べて評価地点が圧倒的に多い。したがって，その影響も大きいのである。

## ③ 固定資産税と香港レイトの比較分析

### 3-1　香港レイトの概要

香港は，一国二制度の考え方に基づいて中国本土の中央政府から高度の自治を認められた特別行政区である。一国二制度を担保するのは，「基本法（Basic Law）」である。基本法は，香港の「憲法」として，中国中央政府と香港政府の関係や香港内の行財政制度を定めている[24]。香港政府の課税権は基本法によって中国中央政府から与えられたものである。レイトの課税根拠も基本法にある。

---

22　相続税は，8割評価である。
23　評価の方法も変わっていない。
24　香港の財政運営の特徴のひとつである「均衡財政主義」も基本法が定めている。

**表6-3　香港レイトの概要**

| 根拠法 | レイト課税条例(条例第116章) |
|---|---|
| 課税客体 | テネメント(土地，建物，一部の償却資産) |
| 納税義務者 | テネメントの占有者もしくは所有者 |
| 税率 | 5% |
| 課税標準 | 賃貸価格 |
| 資産評価 | テネメントを一体的に評価 |
| 評価替え | 随時(近年は毎年) |
| 税収(総収入に占める割合) | HKm$9,375(2010/11年度)（4%） |
| 税収使途 | 一般財源 |
| 減免・非課税 | 有り(水道設備の有無(減免)や農地(非課税)など) |

(出所)石田(2010e)の表5による。

表6-3は，香港レイトの概要をまとめている。課税の根拠は「条例第116章レイト課税条例(Rating Ordinance)」である。1年間当たりの賃貸価格が課税標準額(rateable value)であり，これに税率(5%)をかけるのが基本的な仕組みである。香港レイトは，不動産の利用に着目した応益税として設計されている。

香港レイトの課税客体はテネメント(tenement)と呼ばれる。テネメントには，土地や建物だけでなく，これらと一体的に利用される設備やエレベーターなども含まれる。不動産の利用に着目した税であればこれらの機械設備を土地や建物と区分することは不合理であり，機械設備と一体的に不動産の効用を構成しているとみなす方が妥当であるという考え方による[25]。同様の趣旨から，広告看板もテネメントに含まれている。

香港レイトは，不動産の占有に対する税という趣旨に基づいて，テネメントの範囲を決めている。課税の対象は，不動産の保有ではなく，不動産の便益的な利用である。したがって，不動産が単に保有されているだけではテネメントにならない。不動産を自らの便益のために独占的，排他的に利用して

---

[25] 機械設備をテネメントに含むようになったきっかけは，建物に対してエレベーターの設置を義務付けたことにある。エレベーター設置の義務付けは，建物とエレベーターを事実上一体化させることになり，機械設備と建物の区別を実際上困難にした。そうであれば，機械設備を建物から取り除くのではなく，課税対象として一体化した方がよいという考えから機械設備をテネメントに含むことになった。(参考までに触れておくと，固定資産税でもエレベーターは家屋の付帯設備として扱われている。)

いることがテネメントの条件である。

　香港レイトの納税義務者は，テネメントの所有者および占有者である。所有者と占有者の取り決めによってどちらがレイトを支払ってもよい。しかし取り決めがない場合には，通常，占有者がレイトの納税義務を負う[26]。このように，香港レイトの第一義的な納税義務者はテネメントの利用者である。これは香港レイトが，テネメントの所有者ではなく，利用者を行政サービスの受益者と考えていること，そして課税根拠として応益負担原則に基づいていることによる。所有者にも納税義務を負わせているのは，利用者がレイトを支払わなかったときの担保としての意味合いが強い。実質的な納税義務をテネメントの利用者に課すことから，香港政府はレイトを間接税に分類している。

　1年間当たりの賃貸価格である課税標準額は，資産評価によって計算される。不動産取引が活発な香港では，日本よりも，市場の賃貸価格に対する信頼が高いかもしれない[27]。もっとも単純な方法は，市場で示される(不動産屋の店頭で表示されている)1ヶ月当たりの賃貸価格を12倍して課税標準額を計算する。その他にも，テネメントからの収入と支出を推計することによって賃貸価格を計算したり，建築費を基にして賃貸価格を計算する方法もある[28]。客観的な賃貸価格を算定するためにはどの方法を用いてもよいし，複数の方法を併用することは客観性を高めるので望ましいというのが香港レイトの資産評価の基本的な考え方である。

　資産再評価の期間は定められておらず，制度上は，香港特別行政区長官の判断によって随時資産再評価できる[29]。近年は，経済環境の変化の激しさを踏まえて毎年資産再評価を実施している[30]。税率は，2000年以降5%であ

---

26　香港の賃貸不動産の取引では，あらかじめレイトの支払いについて約束するのが一般的である。多くの場合，賃料の他にレイトの支払いが必要である旨をあらかじめ明記して，賃借人を募集する。賃料とは別にレイトの支払いを求めていない場合であっても，賃料の中にレイト相当額を含ませることで，実質的に賃借人に税負担を転嫁している場合も多い。

27　固定資産税が賃貸価格を課税標準額として採用しないことの理由に，信頼に足る賃貸価格の情報を入手することが困難であることを挙げることがある。

28　これらは，Rental Comparison Method, Receipts & Expenditure Method, Contractor's Methodなどと呼ばれる(Kenneth(2006)42-43ページ)。

29　条例第116章セクション11。

30　Kenneth(2006)46ページ。

る[31]。景気対策の一環としてレイト負担を軽減したときにも，税率は変更していない。レイト負担の軽減は，負担額に上限を設けたり税額控除を行うことで行われた。税率を操作しない点は日本の固定資産税と似ている。

### 3-2 香港レイトと固定資産税の制度比較

香港レイトの起源は，地域の治安維持の財源確保のために導入した1845年の警察レイトである[32]。香港レイトは始まりから応益税の性格だったといえる。その後，消防レイトなどを経て現在の仕組みになる。応益性を根拠に税負担を求めることは現在も同じである。そして，応益負担を課税根拠にすることは固定資産税も同じである。固定資産税や香港レイトだけでなく，一般に地方資産保有税は応益性を課税根拠にする場合が多い。

固定資産税と香港レイトの違いとしてもっとも重要なことは，前者が資産の保有に着目する税であり，後者が資産の利用に着目する税であることである。したがって，固定資産税は財産税であり，香港レイトは収益税になる。この違いによって固定資産税と香港レイトは制度上の様々な点で対照的となる。

そのもっとも端的な例が課税標準の選択である。固定資産税は資本価格を選択し，香港レイトは賃貸価格を選択している。香港レイトが賃貸価格を課税標準とした理由はこの税が資産の利用に着目するからであり，資本価格よりも賃貸価格の方が資産の利用を反映すると考えるからである。資産の利用に着目して資産の収益に対して課税するという香港レイトの姿勢は，賃貸価格の評価方法にも徹底されている。建物や機械設備などは不動産の利用という観点から一体的に評価される。所有者が資産の維持管理のために費用を支出すると，その費用の控除も認める。これは，資産の所有者がテネメントを利用可能な状態まで管理した上で使用者に賃貸することを想定するからである。賃貸価格はその利用の対価の意味になる。固定資産税にはこのような経

---

31 かつては，都市部で一般レイトと都市カウンシル・レイト，新界で一般レイトと地域カウンシル・レイトを課していた。1974年以降，都市と新界の税率（合計）は同じであり（内訳は異なる），1991年以降は概ね5%程度である。
32 Kenneth(2005)2ページ。

費の控除を認める仕組みはない。

　資産再評価の趣旨もまた賃貸価格に関連している。香港レイトは，賃貸価格の分布と比例的な関係で税負担を配分することを税負担の公平と考えている。賃貸価格は不動産からの収益と読み替えることができる。資産再評価は，市場の賃貸価格の変化に合わせて税負担を納税義務者に配分し直すために行われる[33,34]。

　資産評価の方法は，香港レイトが機械設備を含めてテネメントの一体的な評価を行うのに対して，固定資産税は土地，家屋，償却資産といった課税客体を個別に評価する。香港レイトが不動産を一体的に評価するのは，既に述べたように，不動産の利用を重視してテネメントの効用は一体的に形成されていると考えるからである。不動産の利用を重視すると，土地，建物，機械設備は確かに一体的に利用されているといえる。実際，不動産の賃貸市場では，これらを一体的に利用することを前提に一体的な賃貸価格が提示されている場合が多い。一方，固定資産税が課税客体を個別に評価することの直接的な理由は，（固定資産税制度そのものではなく，）不動産登記制度に由来する。固定資産税は，主に便宜上の理由から，土地や家屋の課税に不動産登記制度を利用している。土地評価における地目の区分も，不動産登記制度に由来する。しかしながら，便宜である以上に，資産の保有に着目するからには個別に評価するのが望ましいといえる。

　香港政府は，賃貸価格を課税標準として選択することのメリットとして税収の安定性を挙げる。香港では，資本価格よりも賃貸価格の方が価格の変動が少なく，安定性が高いというのが課税当局の見解である[35]。安定性を掲げることは，固定資産税も同様である。今日の固定資産税は安定性を重視している。課税標準の選択でも安定性の観点から資本価格の方が優れているとする。安定性という同じ観点から始まって，香港レイトが賃貸価格を選び，固定資産税が資本価格を選ぶのである。

　香港レイトが間接税に分類されていることは注目に値する。香港レイトを

---

33　Kenneth（2006）45ページ。
34　税負担の公平のために資産再評価を行うという考え方は，アメリカ財産税と同じである。
35　Kenneth（2006）45ページ。

間接税とするのは，すでに述べたように，テネメント保有者から利用者への税負担の転嫁を予定するからである。香港レイトはテネメントの利用者が治安の維持，上下水道サービスの供給，道路整備など行政サービスの受益者であると考えている。したがって，応益負担に基づいてテネメントの利用者に納税義務を負わせるのである[36]。ここに税負担の転嫁がある。税負担の転嫁を想定しているので香港レイトは間接税であるという説明は，間接税の定義に一致しておりわかりやすい。

　同様に固定資産税も税の趣旨としては税負担の転嫁を想定している。シャウプ勧告は，これを「本税は，事業主または(本税が高い売価の形で転嫁されるならば)その製品の消費者をして，警察，消防およびその事業がその地方から得るその他の保護の対価を払わしめる。本税は，非居住者が所有し，且つ，その製品を非居住者に売却するような事業に対して，地方政府が手を触れることのできる殆んど唯一の方法である。」[37]として，税負担の転嫁を述べている。事業者は，所得税や法人税を計算する際，固定資産税を損金算入できる。これは，固定資産税を生産活動に伴う経費とみなすことを意味しており，固定資産税の負担を価格の構成要素とすることによって生産者から消費者に税負担を転嫁させようとするものである。固定資産税を経費として扱うのは固定資産税ではなく所得税や法人税であるが，このような損金算入の仕組みの趣旨は応益性を踏まえた固定資産税の転嫁である。固定資産の所有者(生産者)以外に受益者を認めるところは，固定資産税と香港レイトに共通している。しかし，香港レイトが間接税であるのに対して，固定資産税は直接税である。通常，税負担の転嫁を予定しない税は直接税と定義される。したがって，税負担の転嫁を意図した直接税という性格は，わかりにくいかもしれない。

　日本の地方税制は，物税の用語を使って税負担の転嫁を想定した直接税というわかりにくさに対処している[38]。本来，人税は人に着目して税負担を求め，物税は物に着目して税負担を求めるというだけであり，それ以上の意味

---

36　この他に，重要なこととして，(本章では触れないが)土地所有権の仕組みがある。
37　『シャウプ勧告』134ページ。
38　第1章第2-2節も参照。

はない。物に着目した税であることから、当然、すべての間接税は物税である。したがって、間接税を物税として捉えてもほとんど意味はなく、直接税に対して当てはめて初めて物税の観念は実質的な意味をもつといえる。日本の地方税制度で物税として観念される税の代表は、固定資産税と事業税である。事業税も、固定資産税と同様に、事業者が所得税や法人税を計算する際に経費や損金として算入できる。事業税の課税根拠も応益性である。この意味で物税は、税負担の転嫁を予定する直接税といえる。物税をこのように理解すれば、間接税である香港レイトに対して、物税である固定資産税というわかりやすい関係で対比させることができる。

　間接税は通常、税負担に対する配慮をしない。景気対策としての政策的な減税は、間接税ではなく、直接税が多い。しかしながら間接税である香港レイトは、景気の後退に対応した税負担軽減の措置を講じてきた。2000年以降の香港レイトは、SARSやリーマン・ショックへの対応として所得の低下に配慮した減税を行っている。所得の低下に配慮した間接税の減税は珍しいといえ、このような配慮は直接税を思わせる。間接税である香港レイトの直接税的な運用といえる。直接税である固定資産税を間接税的に運用する物税と対比できる。香港レイトは直接税のようにして運用される間接税であり、固定資産税は間接税のようにして運用される直接税であるといえる。

　固定資産税にも、負担調整措置として、税負担の変化への配慮の仕組みが存在する。したがって、固定資産にも香港レイトにも税負担の変化への配慮の仕組みがあるといえる。しかしその方法は異なり、固定資産税は負担調整措置として制度化しているが、香港レイトでは裁量的な政策税制である。

　以上の比較からは、固定資産税と香港レイトの考え方に多くの共通点があることがわかる。どちらも応益性を根拠にした資産保有税であり税収の安定性を重視している。しかし、その仕組みは対照的である。この対照性がもっとも象徴的に表れているのが課税標準の違いである。固定資産税は資本価格、香港レイトは賃貸価格を選んでいる。しかしながら、固定資産税と香港レイトのどちらかが課税標準の選択を間違っているわけではない。むしろどちらも資産保有税の制度としてよくできているといえる。両税の課税基準とも望ましいことを示すのが本章の目的である。

### 3-3 課税標準の安定性

　固定資産税と香港レイトの課税標準の安定性を確認するために，本章は住宅の賃貸価格と資本価格の変化を比較する。分析対象が住宅のみであるのは入手可能なデータの都合である。

　まず，日本の住宅の賃貸価格と資本価格の安定性を比較する。ここでは対前年度変化率を使う。賃貸価格の代表的な政府統計には『全国消費実態調査』や『家計調査』がある。ここでは『家計調査』の家賃地代を用いる[39]。土地（住宅用地）と家屋（住宅）の資本価格は，それぞれ『固定資産の価格等の概要調書』の宅地の単位当たり平均価格，『固定資産の価格等の概要調書』の木造（専用住宅）と非木造（住宅・アパート）の単位当たり平均価格を用いる。これらを使って平成20年度の賃貸価格と資本価格の対前年度変化率を計算した結果を図6-1と表6-4に示している。図6-1は，資本価格よりも賃貸価格の変化が大きいことを示唆している。対前年度変化率の動きを表6-4によって変動係数で確認すると，すべての資本価格よりも賃貸価格の変動係数が大きいことがわかる。したがって日本の住宅市場では，賃貸価格よりも資本価格の安定性が高いといえる。

　次に，香港の住宅の賃貸価格と資本価格の安定性を比較する。ここでは変動係数を使う。住宅は，面積による5つの区分（40㎡未満，40㎡以上70㎡未満，70㎡以上100㎡未満，100㎡以上160㎡未満，160㎡以上）と地域による3つの区分（香港地区，九龍地区，新界地区）に分ける。価格は，Quigley(1999)の方法にならって，1999年の価格を100とした指数によって捉える。価格のデータは，Hong Kong Property Review-Monthly Supplement (July 2010)から得た。変動係数を計算した結果を表6-5に示している。すべての地区で，そしてすべての住宅面積で，資本価格よりも賃貸価格の変動係数が小さいことを確認できる。したがって香港の住宅市場では，資本価格よりも賃貸価格の安定性が高いといえる。

---

[39] 先行研究には，リクルート社などの民間データベースを利用して賃貸価格を分析するものがある（沓澤他(2007)，清水他(2009)）。民間の住宅情報誌が提供する賃貸価格を利用する方法は，首都圏や関西圏など都市部には有効である。しかしながら，全国的に賃貸価格の動向を把握することには限界がある。

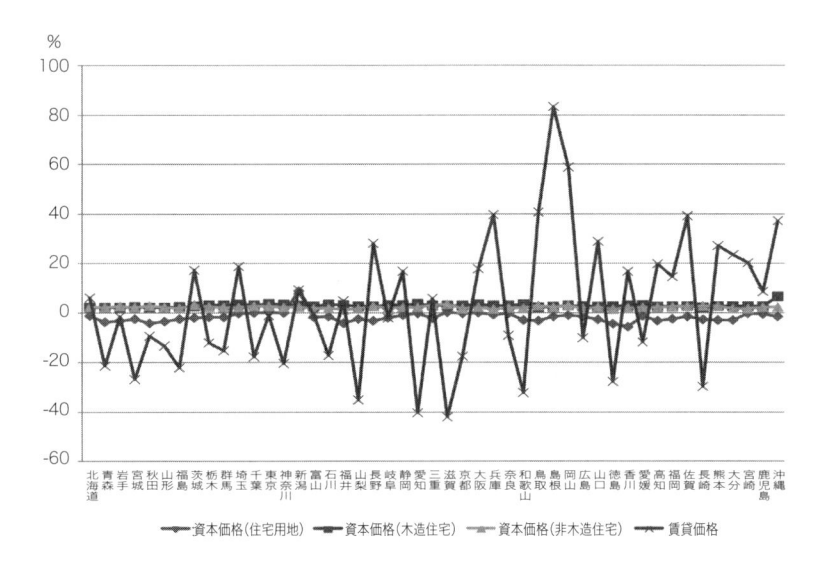

3 固定資産税と香港レイトの比較分析　*155*

[図省略：縦軸 %、-60 から 100。都道府県別の資本価格（住宅用地）、資本価格（木造住宅）、資本価格（非木造住宅）、賃貸価格の折れ線グラフ]

（出所）総務省『平成20年度家計調査年報』，総務省『平成20年度固定資産の価格等の概要調書』により作成。

**図6-1　固定資産税の資本価格と賃貸価格の対前年度変化率**

**表6-4　固定資産税の資本価格と賃貸価格の変動係数**

|  | 資本価格 |  |  | 賃貸価格 |
| --- | --- | --- | --- | --- |
|  | 住宅用地 | 木造住宅 | 非木造住宅 |  |
| 対前年度変化率の平均 | -1.794 | 2.817 | 2.170 | 3.060 |
| 対前年度変化率の標準偏差 | 2.100 | 0.695 | 0.465 | 26.832 |
| 対前年度変化率の変動係数 | -1.171 | 0.247 | 0.214 | 8.770 |

（出所）総務省『平成20年度家計調査年報』，総務省『平成20年度固定資産の価格等の概要調書』により計算。

　以上の推計からは，香港レイトでは資本価格よりも賃貸価格の安定性が高く，固定資産税では賃貸価格よりも資本価格の安定性が高いことが推察できる。日本と香港の結果がこのように異なるのは，不動産市場（住宅市場）の構造の違いによると考えられる。本章の分析は不動産市場の構造的な違いの要因にまで踏み込まないが，いずれにせよ固定資産税も香港レイトも安定性の

表6-5　香港レイトの資本価格と賃貸価格の変動係数

|  | 40m² 未満 ||| 40m² 以上 70m² 未満 ||| 70m² 以上 100m² 未満 |||
|---|---|---|---|---|---|---|---|---|---|
|  | 香港地区 | 九龍地区 | 新界地区 | 香港地区 | 九龍地区 | 新界地区 | 香港地区 | 九龍地区 | 新界地区 |
| 賃貸価格 | 0.190246 | 0.159537 | 0.150807 | 0.184506 | 0.162363 | 0.142237 | 0.156093 | 0.184773 | 0.148232 |
| 資本価格 | 0.315323 | 0.259957 | 0.195892 | 0.293213 | 0.312895 | 0.185577 | 0.312148 | 0.406347 | 0.19738 |

|  | 100m² 以上 160m² 未満 ||| 160m² 以上 |||
|---|---|---|---|---|---|---|
|  | 香港地区 | 九龍地区 | 新界地区 | 香港地区 | 九龍地区 | 新界地区 |
| 賃貸価格 | 0.173246 | 0.185414 | 0.170098 | 0.175805 | 0.264724 | 0.212125 |
| 資本価格 | 0.350098 | 0.41281 | 0.227596 | 0.394419 | 0.422516 | 0.298262 |

(出所) Hong Kong Property Review-Monthly Supplement (July 2010) により計算。

高い課税標準を選択していることになる。賃貸価格と資本価格の変化の仕方がこのように国によって異なるとすれば、同じく安定性を求めて課税標準を選択したとしても、結果が異なるのも当然である。安定性の観点から判断すると、香港レイトは賃貸価格が望ましく、固定資産税は資本価格が望ましいのである。

## 4　考　察

　固定資産税と香港レイトの比較分析を通じて本章が述べる最大のメッセージは、望ましい課税標準の選択は国によって時代によって異なることである。望ましい課税標準は、ただ課税標準のみを取り出して、そして租税原則だけで判断されるべきではない。課税標準は税の仕組みの一部なのであり、税の仕組みの全体の中で捉えられるべきである。
　本章は、固定資産税が資本価格を課税標準として選んだことを2つの視点から評価した。第1は、制度の整合性である。固定資産税が課税標準として資本価格を選んだことには理由がある。その理由を踏まえて制度の調和のとれた固定資産税の仕組みの視点から課税標準の望ましさを判断するのである。第2は、安定性の視点である。課税標準の安定性を検証する理由は固定資産税自身が安定性を求めているからである。本章はこれらの2つの観点からの

分析を通じて，固定資産税が選択した資本価格は課税標準として望ましいことを示した。

　本章の考え方からすれば，賃貸価格よりも資本価格の安定性が高く，そして安定性を重視するならば，このときの固定資産税は財産税でなければならないことになる。そこに収益税を選ぶ余地はない。固定資産税が収益税であることを許されるのは，安定性以外の基準で課税標準を選ぶ場合か，あるいは賃貸価格よりも資本価格の安定性が低い場合である。

　このような本章のアプローチは，租税原則から望ましい課税標準のあり方を考察する多くの先行研究と異なるものであり，多くの異論があるかもしれない。結局のところ本章は，望ましい課税標準はその都度異なるといっているに過ぎない。普遍性，一般性をもって資産保有税の課税標準としてもっとも望ましいものを示したわけではない。しかし，本章が先行研究とは異なるアプローチを採用した理由はここにあり，時代を超えて国を超えて，普遍的に望ましい課税標準というものは存在しないと考えるからである。そうであるならば，逆に国や時代を限定して，個別に課税標準の望ましさを分析することに価値があると考えたのである。第3節では，香港レイトを固定資産税の比較対象として選び，固定資産税と香港レイトは望ましい課税標準が異なることを示した。これは，国や時代を超えて望ましい課税標準が存在するわけではないことの例証である。課税標準の望ましさは相対的な問題であり，あるいは望ましい課税標準を決めるのは市場であるといえるかもしれない。

　固定資産税の課税客体は，土地，家屋，償却資産である。課税標準はこれらのすべてで資本価格として統一されている。制度の沿革からすれば，3つの課税客体の課税標準を共通にするために資本価格を選択したということになる。シャウプ勧告は，償却資産は資本価格によって評価されねばならないと強調していた。しかしながら，償却資産の評価が必ずしも資本価格による必要のないことは，香港レイトの例が示すとおりである。香港レイトは賃貸価格によって機械設備を評価している。これも香港レイトとの制度比較から得られた示唆といえる。

　固定資産税は固定資産の継続的な保有を前提とした税である。したがって，固定資産税の課税標準も固定資産を保有することの価値であるべきであり，

それを固定資産税は資本価値としている。固定資産税は、資本価値としての課税標準を土地は売買実例価格、家屋は再建築価格、償却資産は取得価格によって計算する。売買実例価格は土地の売り手と買い手の両方の立場が含まれているとして、再建築価格は基本的に売り手の立場の価格であり、取得価格は基本的に買い手の立場の価格である。すべて資本価格として理解されているが、その内容までまったく同じというわけではない。望ましい課税標準の選択の問題として、そもそも固定資産税にふさわしい資本価格とは何なのか踏み込んだ議論が必要であろうが、本章の分析はそこまで至っていない。

## 5 おわりに

　本章は、課税標準の選択論を取り上げ固定資産税の課税標準は資本価格が望ましいことを述べてきた。

　固定資産税における課税標準の選択は、固定資産税を収益税として設計するのか、それとも財産税として設計するのかによってまずは制度的にふさわしい課税標準が決まる。税の性格としての財産税や収益税は、課税の趣旨に照らしてどちらに立脚して制度を設計するのかを決める選択の問題である。収益税としての固定資産税も財産税としての固定資産税も、理論的に優劣はない。本章は、現行の固定資産税を財産税であると認識して考察した。

　香港レイトとの比較分析を通じて、望ましい課税標準が国によって異なることを示した。これらの分析において重要な役割を果たしたのが固定資産税の安定性である。本章では、税収の安定性のためには課税標準の安定性が必要であることを前提に課税標準の安定性を分析した。しかしながら、課税標準が安定的であるからといって必ずしも税収が安定性をもつわけではなく、税収の安定性と課税標準の安定性の関係はそんなに単純ではない。だからこそ多くの先行研究は課税標準の安定性と税収の安定性を区別してきたともいえる。本書の全体を貫く関心は、課税標準ではなく税収の安定性である[40]。それを自覚しながらも本章は課税標準の安定性を検証した。この意味で、本章の分析には限界がある。しかしながら、香港レイトとの比較分析を通じて、

固定資産税が望ましい課税標準を選択していること，そして望ましい課税標準は唯一ではないことを示したことには一定の意義があると考えている。

---

40　第2章第3-1節も参照。

## 《参考文献》

浅井学(2000)「VARモデルにおける共和分,ECM,因果関係の分析」『立命館経済学』第48巻第6号,1001-1019ページ

石弘光(1976)『財政構造の安定効果-ビルトイン・スタビライザーの分析-』勁草書房

石弘光(2008)『現代税制改革史』東洋経済新報社

石田和之(2007a)「固定資産税の歩み」『資産評価情報』通巻160号,2-7ページ,(財)資産評価システム研究センター

石田和之(2007b)「地方税務職員のための研究講座 市町村の基幹税目である固定資産税の財政学(1)固定資産税の性格:形式的財産税としての固定資産税」『税』vol.62(3),38-49ページ

石田和之(2007c)「地方税務職員のための研究講座 市町村の基幹税目である固定資産税の財政学(3)固定資産税評価額の意味と公的土地評価」『税』vol.62(5),140-153ページ

石田和之(2007d)「地方税務職員のための研究講座 市町村の基幹税目である固定資産税の財政学(7)固定資産税の安定性」『税』vol.62(9),80-93ページ

石田和之(2008)「地方税務職員のための研究講座 市町村の基幹税目である固定資産税の財政学(17)土地に係る固定資産税の実効税率」『税』vol.63(7),96-114ページ

石田和之(2009a)「地方税務職員のための研究講座 市町村の基幹税目である固定資産税の財政学(27)宅地等に係る負担調整措置」『税』vol.64(6),128-148ページ

石田和之(2009b)「地方税務職員のための研究講座 市町村の基幹税目である固定資産税の財政学(29)固定資産税における税負担への配慮と税負担軽減措置のあり方」『税』vol.64(8),46-64ページ

石田和之(2009c)「地方税務職員のための研究講座 市町村の基幹税目である固定資産税の財政学(30)宅地に係る固定資産税の実効税率について」『税』vol.64(9),62-79ページ

石田和之(2010a)「地方税務職員のための研究講座 市町村の基幹税目である固定資産税の財政学(34)景気の変化と固定資産税の関係-税収の所得弾力性-」『税』vol.65(1),108-126ページ

石田和之(2010b)「地方税務職員のための研究講座 市町村の基幹税目である固定資産税の財政学(37)間接税としてのレイトと物税としての固定資産税」『税』vol.65(4),252-271ページ

石田和之(2010c)「地方税務職員のための研究講座 市町村の基幹税目である固定資産税の財政学(38)資産保有税における課税標準の選択~資本価格と賃貸価格~」『税』vol.65(5),94-115ページ

石田和之(2010d)「不動産PERからみた香港住宅市場の動向」『土地総合研究』第18巻3号,69-80ページ

石田和之(2010e)「香港レイトの仕組みと考え方」『資産評価情報』通巻179号，2-13ページ，(財)資産評価システム研究センター

石田和之(2011a)「地方税務職員のための研究講座　市町村の基幹税目である固定資産税の財政学(48)税収の伸長性と安定性のトレード・オフの検証」『税』vol.66(4)，285-307ページ

石田和之(2011b)「地方税制温故知新(第3回)個人住民税における課税最低限をめぐる議論」『税』vol.66(8)，162-180ページ

石田和之(2011c)「地方税制温故知新(第6回)地方基幹税としての法人住民税」『税』vol.66(11)，192-211ページ

石田和之(2011d)「資産保有課税における課税標準の選択：固定資産税(日本)とレイト(香港)の比較分析の視点」『第20回租税資料館賞論文集』39-63ページ

石田和之(2012a)「地方税制温故知新(第12回)住民税均等割の意義と負担分任の考え方」『税』vol.67(5)，230-251ページ

石田和之(2012b)「地方税制温故知新(第18回)法人税率と住民税法人税割税率の関係」『税』vol.67(11)，203-226ページ

石田和之(2013a)「地方税制温故知新(第21回)地方税原則の成立」『税』vol.68(2)，171-193ページ

石田和之(2013b)「地方税制温故知新(第24回)個人住民税の課税最低限と非課税限度額」『税』vol.68(5)，194-214ページ

石原信雄・嶋津昭監修(2002)『五訂地方財政小辞典』ぎょうせい

荻田保(1951)『地方財政制度』学陽書房

小林孝次(1993)「単位根検定，共和分検定，グレンジャー因果性検定：カナダの金利とアメリカの金利の間の因果関係について」『創価経済論集』第22巻第4号，77-85ページ

片桐正俊(2003)「地方税と住民負担」佐藤進・林建久編『地方財政読本(第5版)』東洋経済新報社

北浦修敏・長嶋拓人(2007)「税収動向と税収弾性値に関する分析」KIER DISCUSSION PAPER SERIES, No.0606

木下和夫(1992)『税制調査会』税務経理協会

沓澤隆司・水谷徳子・山鹿久木・大竹文雄(2007)「犯罪と地価・家賃」『住宅土地経済』No.66，12-21ページ

国税庁「長期時系列データ」
http://www.nta.go.jp/kohyo/tokei/kokuzeicho/jikeiretsu/01.htm

国会会議録検索システム
http://kokkai.ndl.go.jp/cgi-bin/KENSAKU/swk_logout.cgi?SESSION=15394

固定資産税務研究会編(2006)『評価ハンドブック-平成18年度固定資産評価基準-』

固定資産税務研究会編(2014)『平成26年度版要説固定資産税』ぎょうせい

固定資産評価制度調査会(1961)『固定資産評価制度調査会答申』
(財)資産評価システム研究センター(2000)「地方税における資産課税のあり方に関する調査研究報告書－地方分権時代の固定資産税制度のあり方について－」
　　http://www.recpas.or.jp/new/jigyo/report_web/pdf/H.11/chiho_h1203.pdf
(財)地方財務協会編(2008)『地方税制の現状とその運営の実態』
財務省「平成22年度税制改正の解説」
　　http://www.mof.go.jp/tax_policy/tax_reform/outline/fy2010/explanation/index.html
自治省編(1958)『地方税制の現状とその運営の実態』
市町村税務研究会編(2014)『平成26年度版要説住民税』ぎょうせい
篠原正博(2009)『住宅税制論』中央大学出版部
清水千弘・西村清彦・渡辺努(2009)「住宅市場のマクロ変動と住宅賃料の粘着性」『住宅土地経済』No.72, 10-17ページ
シャウプ税制調査団(1949)『第1次シャウプ勧告』(財団法人神戸都市問題研究所地方行財政制度資料刊行会編(1983)『戦後地方行財政資料別巻第一シャウプ使節団日本税制報告書』所収)
財務省「平成20年度税制改正の要綱」(閣議決定)
　　http://www.mof.go.jp/tax_policy/tax_reform/outline/fy2008/zei001_youkou.pdf
財務省「平成22年度税制改正の解説」
　　http://www.mof.go.jp/tax_policy/tax_reform/outline/fy2010/explanation/PDF/18_P688_736.pdf
財務総合政策研究所「財政金融統計月報(租税特集号)」(各年版)
　　http://www.mof.go.jp/pri/publication/zaikin_geppo/
神野直彦(2007)『財政学(改訂版)』有斐閣
税制調査会(1960)『当面実施すべき税制改正に関する答申(税制調査会第1次答申)及びその審議の内容と経過の説明』
税制調査会(1961)『税制調査会答申及びその審議の内容と経過の説明』
税制調査会(1963)『昭和39年度の税制改正に関する臨時答申』
税制調査会(1964a)『「今後におけるわが国の社会,経済の進展に即応する基本的な租税制度のあり方」についての答申』
税制調査会(1964b)『昭和40年度の税制改正に関する答申及びその審議の内容と経過の説明』
税制調査会(1965)『昭和41年度の税制改正に関する答申及びその審議の内容と経過の説明』
税制調査会(1968)『長期税制のあり方についての答申』
税制調査会(1971)『長期税制のあり方に関する答申及びその審議の内容と経過の説明』
税制調査会(1980)『昭和56年度の税制改正に関する答申』

税制調査会(1983)『今後の税制のあり方についての答申』
税制調査会(2000)「わが国税制の現状と課題－21世紀に向けた国民の参加と選択－」
　　http://www.cao.go.jp/zeicho/tosin/zeichof.html
税制調査会(2002)「あるべき税制の構築に向けた基本方針」
　　http://www.cao.go.jp/zeicho/tosin/pdf/140614.pdf
税制調査会(2009)「平成22年度税制改正大綱〜納税者主権の確立へ向けて〜」
　　http://www.cao.go.jp/zei-cho/history/2009-2012/etc/2009/__icsFiles/afieldfile/2010/11/18/211222taikou.pdf
総務省『固定資産の価格等の概要調書』(各年度版)(ウェブ版を含む)
　　http://www.soumu.go.jp/main_sosiki/jichi_zeisei/czaisei/czaisei_seido/ichiran08.html
総務省『地方財政統計年報』(各年度版)(ウェブ版を含む)
　　http://www.soumu.go.jp/iken/zaisei/toukei.html
総務省「平成25年度版地方財政白書(地方財政の状況)」
　　http://www.soumu.go.jp/menu_seisaku/hakusyo/chihou/pdf/h25.pdf
総務省「平成25年度地方税に関する参考計数資料」
　　http://www.soumu.go.jp/main_sosiki/jichi_zeisei/czaisei/czaisei_seido/ichiran06_h25.html
総務省統計局「平成20年度家計調査年報」
　　http://www.stat.go.jp/data/kakei/2008np/
総務省統計局「平成22年基準消費者物価指数」
　　http://www.e-stat.go.jp/SG1/estat/List.do?bid=000001033701&cycode=0
地方税法総則研究会編(1996)『新訂逐条問答地方税法総則入門』ぎょうせい
恒松制治(1970)『地方財政論』良書普及会
土地総合情報ライブラリー「平成25年度地価公示」
　　http://tochi.mlit.go.jp/chika/kouji/2013/index.html
内閣府「県民経済計算」
　　http://www.esri.cao.go.jp/jp/sna/sonota/kenmin/kenmin_top.html
内閣府「2011年度国民経済計算(2005年基準・93SNA)」
　　http://www.esri.cao.go.jp/jp/sna/data/data_list/kakuhou/files/h23/h23_kaku_top.html
内閣府「2009年度国民経済計算(2000年基準・93SNA)」
　　http://www.esri.cao.go.jp/jp/sna/data/data_list/kakuhou/files/h21/h21_kaku_top.html
中澤正彦・大西茂樹・原田泰(2002)「90年代の財政金融政策と景気動向〜VARモデルによる分析〜」PRI　Discussion Paper Series (No.02A-02)
中谷明博(2012)「法人住民税法人税割の課税標準である『法人税額』の主な変遷」『地方税』5月号82-92ページ
中西博・坂弘二・栗田幸雄(1973)『地方自治講座第10巻「地方税」』第一法規

## 参考文献

日本租税研究協会税制研究会(1961)『税制改革の基本方針』
野村益夫・平井健之(2011)「日本における国家財政と経済成長の因果関係」『会計検査研究』No.44, 13-26ページ
林宏昭(1995)『租税政策の計量分析』日本評論社
藤岡由子(2008)「中小企業設備投資と景気変動の関係-Granger因果性テストを用いた分析」『関西学院経済学研究』第39号, 21-35ページ
堀場勇夫・宮原勝一・舟島義人(2013)「地方税の変動と偏在性－1990年代以降の地方税収について－」『税研』vol.28, No.5, 18-24ページ。
横田信武(1989)「事業税改革における諸問題」『早稲田商学』第334号939-963ページ
臨時税制調査会(1955)『臨時税制調査会中間答申』

Acquaah, Moses and Alexander M.G. Gelardi. (2008) "The Growth and Stability of Revenue in British Columbia, Canada," *Journal of Business and Economic Studies*, vol.14 (2), pp.39-59.

Brunori, David. (2011) *State Tax Policy*, 3rd ed., The Urban Institute Press.

den Haan, W. (2000) "The Co-movement between Output and Prices," *Journal of Monetary Economics*, vol.46, pp.3-30.

Chang, Tsangyao and Gengnan Chiang. (2009) "Revisiting the Government Revenue-Expenditure Nexus: Evidence from 15 OECD Countries Based on the Panel Data Approach," *Czech Journal of Economics and Finance*, vol.59 (2), pp.165-172.

Carroll, Deborah A. and Chistopher B. Goodman. (2011) "The Effects of Assessment Quality on Revenue Volatility," *Journal of Public Budgeting and Finance*, vol.31 (1), pp.76-94.

Clair, Travis ST. (2012) "The Effect of Tax and Expenditure Limitations on Revenue Volatility: Evidence from Colorado," *Journal of Public Budgeting and Finance*, vol.32 (3), pp.61-78.

Dalena, Michele and Cosimo Magazzino. (2012) "Public Expenditure and Revenue in Italy, 1862-1993," *Economic Notes*, vol.41(3), pp.145-172

Dye, R. F. (2004) "State Revenue Cyclicality," *National Tax Journal*, vol.57, pp.33-145.

Dye, R. F. and T. J. McGuire. (1991) "Growth and Variability of State Individual Income and General Sales Taxes," *National Tax Journal*, vol.44, pp.55-66.

Dye, R. F. and T. J. McGuire. (1997) "The Effect of Property Tax Limitation Measures on Local Property Fiscal Behaviour," *Journal of Public Economics*, vol.66 (3), pp.469-487.

Fox, W. F., and C. Campbell. (1984) "Stability of the Sales Tax Income Elasticity," *National Tax Journal*, vol.37, pp.201 - 212.

Groves, Harold M. and C. Harry Kahn. (1952) "The Stability of State and Local Tax Yields," *American Economic Review*, vol.42 (2), pp.87-102.
Hamilton, James D. (1994) *Time Series Analysis*, Princeton University Press.
Haughton, Jonathan. (1998) "Estimating Tax Buoyancy, Elasticity and Stability," *EAGER/PSGE - EXCISE PROJECT, METHODOLOGICAL NOTE 1*.
Holcombe, Randall G. and Russell S. Sobel. (1997) *Growth and Variability in State Tax Revenue: An Anatomy of Fiscal Crises*. Westport, CT: Greenwood Press.
Ihlanfeldt, Keith R. and Kevin Willardsen. (2014) "The Millage Rate Offset and Property Tax Revenue Stability," *Regional Science and Urban Economics*, vol.46, pp.167-176.
International Association of Assessing Office. (1997) "Standard on Property Tax Policy," *Assessment Journal*, September/October, pp.24-51.
Ishida, Kazuyuki. (2011) "The Growth and Stability of the Local Tax Revenue in Japan," *Journal of Public Budgeting and Finance*. vol.33 (1), pp.56-75.
Ishida, Kazuyuki. (2013) "The Trade-off between Growth and Stability of Prefectural Tax Revenue," *International Journal of Public Administration*, vol.36, pp.211-222.
Jamieson, B. M., and S. Amirkhalkhali. (1990) "Revenue Stability in Alberta," *Canadian Tax Journal*, November-December, pp.1503 -1518.
Kenneth T.W.Pang, J.P. (2005) *The History of Rates in Hong Kong*, Rating and Valuation Department, The Government of the Hong Kong Special Administration Region.
Kenneth T.W.Pang, J.P. (2006). *Property Rates in Hong Kong*, Rating and Valuation Department, The Government of the Hong Kong Special Administration Region.
Kenyon, Daphne A. (2007). "The Property Tax-School Funding Dilemma," *Policy Focus Report*, Lincoln Institute of Land Policy.
Lamo Ana, Javier J. Perez and Ludger Scukencht. (2008) "Public and Private Sector Wages Co-movement and Causality," *Working Paper Series*, No.963. European Central Bank.
Lutz, Byron F. (2008). "The Connection between House Price Appreciation and Property Tax Revenues," *National Tax Journal*. Vol.61 (3), pp.555-572.
McCluskey, W.J., Plimmer, F. and O.Connellan. (1988) "Ad Valorem Property Tax: Issues of Fairness and Equity," *Assessment Journal*, May/June, pp.47-55.
Mikesell, John L. and Cheol Liu. (2013) "Property Tax Stability: A Tax System Model of Base and Revenue Dynamics through the Great Recession and Beyond," *Public Finance and Management*, vol.13 (4), pp.310-334.
National Conference of State Legislatures. (1992) *Principles of a High-Quality State Revenue System*, 2nd ed., Washington, DC: NCSL.
Norden, Lars and Martin Weber. (2009) "The Co-movement of Credit Default Swap,

Bond and Stock Markets: An Empirical Analysis," *European Financial Management*, vol.15 (3), pp.529-562.

Quigley, John M. (1999) "Real Estate Prices and Economic Cycles," *International Real Estate Review*, vol.2 (1), pp.1-20.

Rating and Valuation Department, The Government of the Hong Kong Special Administrative Region. Property Market Statistics, Hong Kong Property Review Monthly Supplement (July 2010). http://www.rvd.gov.hk/en/publications/pro-review.htm

Sobel, Russell S. and Randall G. Holcombe. (1996) "Measuring the Growth and Variability of Tax Bases over the Business Cycle," *National Tax Journal*, vol.49, pp.535-552.

Sobhee, S. K. (2004) "The Causality between Tax and Spend of the Public Sector in Maturities: A VECM Approach," *International Journal of Applied Econometric and Quantitative Studies*, vol.1-3, pp.115-130.

White, F. C. (1983) "Trade-off in Growth and Stability in State Taxes," *National Tax Journal*, vol.36, pp.103 - 114.

## 索引

**あ行**

安定性 …………………… 12,24,139
安定性と伸張性のトレード・オフの
程度 ………………………………… 59
安定性の尺度 …………………… 28
一般住宅用地 ………………… 104
NCSL (National Conference of State Legislatures) …………………… 18
応益性 ………… 12,82,135,140,150
応益税 ……………………… 10,148
応益負担 …………………………… 11

**か行**

課税権 ……………………… 7,147
課税最低限 ………………… 71,75
――――の性格 ………………… 80
課税自主権 ………………… 9,106
課税当局の視点 ………………… 17
課税標準の安定性 …………… 154
課税標準の選択 ……………… 136
課税標準の特例 ……………… 104
課税ベースの所得弾力性 ……… 34
間接税 …………………………… 149
客観的な交換価値 …………… 146
共変動 …………………………… 91
均等割 …………… 9,42,61,71,81
グレンジャーの因果性テスト …… 91
県内総生産に対する税収の所得弾力性 50

恒久法 …………………………… 11
公的土地評価 ………………… 109
公平性 …………………………… 135
国税からの影響遮断 ……… 65,71,83
誤差修正モデル ……………… 21,91
個人均等割 …………………… 42,70
個人住民税 ……………………… 70
戸数割 …………………………… 71
固定資産税 ………………… 10,43,59
――――の課税標準 … 61,103,134,144
――――の性格 ……… 109,139,141
――――の税率 ………………… 104
固定資産評価基準 ……… 104,106,145
固定資産評価制度調査会答申 108,145
個別税目の税収の安定性と伸張性の関係 50
固有説 …………………………… 7

**さ行**

財産税説 ………………… 109,141
GDPに対する税収の所得弾力性 34
時価 ……………………………… 146
時限法 …………………………… 11
資産再評価 ……………… 149,151
資産評価 ……………… 108,149,151
資産評価制度 ………………… 60,110
資産保有課税の制度的な特徴 …… 61
自主性 …………………………… 12
市町村民税 …………………… 9,70

実効税率……………………… 117
実質GDPに対する税収の所得弾力性 36
資本価格…………………… 139,144,146
シャウプ勧告……… 73,81,105,144,152
収益税説………………………… 109,141
収入の主体………………………… 9,42
住民税………………………………… 9
小規模住宅用地…………………… 104
商業地等…………………………… 104
条例減額制度……………………… 102
条例による地方税法の上書き…… 9
所得控除…………………………… 72
所得弾性値………………………… 27
所得弾力性………………………… 20
所得割………………………… 9,42,70
伸縮性……………………………… 12
人税………………………………… 10
伸張性…………………………… 12,25
森林環境税………………………… 62
水準モデル………………………… 34
生活保護基準…………………… 72,78
税源の偏在性……………………… 10
政策税制……………… 43,61,65,153
税収の安定性 12,21,27,66,122,130,134
税収の安定性と伸張性の関係…… 46
税収の安定性と伸張性のトレード・オフ 25,46
税収の決定要因…………………… 32
税収の所得弾力性………… 18,32,50
税収の伸張性……………………… 24
税収の推移……………………… 67,69
税収の対前年度変化率…………… 28

税収の短期的所得弾力性 26,35,50,122
税収の長期的所得弾力性… 26,34,50
税収の普遍性……………………… 10
税収変化の尺度の問題…………… 29
正常価格…………………………… 146
税体系上の整合性…………… 64,139
相関係数…………………………… 48
租税原則……………………… 12,137
租税法律主義……………………… 7
損金算入……………………… 10,152

## た行

対前年度変化率… 21,27,69,70,102,154
宅地資産額に対する弾力性…… 123
タックス・ミックス……………… 18
―――の観点からの税収の安定性と
　伸張性の関係………………… 50
地価公示価格………………… 110,147
地価公示制度……………………… 146
地価の下落………………………… 102
地方税原則…………………… 12,137
地方税収の変化…………………… 6
地方税条例主義…………………… 8
地方税の構成割合………………… 6
地方税法の性格…………………… 8
地方税の本来の機能……………… 15
地方税法…………………………… 7
地方団体…………………………… 7
地方団体の収入…………………… 5
地方法人2税……………………… 43
直接税……………………………… 152

賃貸価格‥‥‥‥‥‥‥‥‥‥‥ 138,148
適正な時価‥‥‥‥‥‥‥‥‥ 103,145
テネメント‥‥‥‥‥‥‥‥‥‥‥ 148
伝統的見解‥‥‥‥‥‥‥‥‥‥ 25,46
伝来説‥‥‥‥‥‥‥‥‥‥‥‥‥ 7,8
道府県民税‥‥‥‥‥‥‥‥‥‥ 9,70
土地基本法‥‥‥‥‥‥‥‥‥ 109,147
都道府県地価調査制度‥‥‥‥‥ 146
都道府県別の推計‥‥‥‥‥‥‥ 50

**な行**

7割評価‥‥‥‥‥‥‥‥‥ 110,113,147
2方向固定効果モデル‥‥‥‥ 51,122

**は行**

配偶者控除‥‥‥‥‥‥‥‥‥‥ 74
非課税限度額制度‥‥‥‥‥‥ 72,78
評価額と課税標準額の乖離‥ 61,112
標準偏差‥‥‥‥‥‥‥‥‥‥‥ 27
負担水準‥‥‥‥‥‥‥‥‥‥‥ 112
　―――の均衡化‥‥‥‥‥‥‥ 112
負担調整措置‥‥‥‥‥‥ 61,106,153
負担分任性‥‥‥‥‥‥‥‥‥‥ 12
負担分任の精神‥‥‥‥‥‥‥ 9,41,71
普通税‥‥‥‥‥‥‥‥‥‥‥‥ 11
物税‥‥‥‥‥‥‥‥‥‥‥‥ 10,152
不動産鑑定評価‥‥‥‥‥‥‥ 111,141
普遍性‥‥‥‥‥‥‥‥‥‥ 12,24,140
平均による方法‥‥‥‥‥‥‥‥ 30
変化モデル‥‥‥‥‥‥‥‥‥ 35,122
変動係数‥‥‥‥‥‥‥‥ 27,121,154

法人擬制説‥‥‥‥‥‥‥‥‥‥ 81
法人税割‥‥‥‥‥‥‥‥‥‥‥ 9,83
　―――の課税標準‥‥‥‥‥‥ 83
　―――の税率‥‥‥‥‥‥‥‥ 86
法定税率‥‥‥‥‥‥‥‥‥‥‥ 117
香港レイト‥‥‥‥‥‥‥‥‥‥ 148

**ま行**

名目GDPに対する税収弾性値 ‥ 29
名目GDPに対する税収の所得弾力性 39
目的税‥‥‥‥‥‥‥‥‥‥‥‥ 11

**わ行**

枠法‥‥‥‥‥‥‥‥‥‥‥‥‥ 8

**著者紹介**

石田　和之（いしだ　かずゆき）
1970 年　大阪府生まれ
1994 年　早稲田大学政治経済部卒業
2001 年　早稲田大学大学院商学研究科博士後期課程単位取得
現在　　徳島大学大学院ソシオ・アーツ・アンド・サイエンス研究部准教授 博士（商学）

**主要著作**

（単著）"The Growth and Stability of the Local Tax Revenue in Japan", *Journal of Public Budgeting and Finance*, 31（1）：56-75.（2011 年）
（単著）"The Trade-off between Growth and Stability in Prefectural Tax Revenue in Japan," *International Journal of Public Administration*, 36（3）：210-221.（2013 年）
（単著）「資産保有課税における課税標準の選択：固定資産税（日本）とレイト（香港）の比較分析の視点」『第 20 回租税資料館賞受賞論文集』39-63 ページ（2011 年）第 20 回租税資料館賞
（共著）「徳島県歯科医師会「歯科治療電話相談」のテキストマイニングによる分析」『日本歯科医療管理学会雑誌』48（2）：165-173（2013 年）第 2 回日本歯科医療管理学会賞
（連載）「地方税務職員のための研究講座市町村の基幹税目である固定資産税の財政学」月刊『税』ぎょうせい（2007 年 3 月から 2011 年 5 月）
（連載）「地方税制温故知新」月刊『税』ぎょうせい（2011 年 6 月から継続中）

---

## 地方税の安定性

商学研究叢書 1

2015 年 3 月 20 日　　初　版第 1 刷発行

著　者　　石　田　和　之
発 行 者　　阿　部　耕　一

〒 162-0041　東京都新宿区早稲田鶴巻町514番地
発 行 所　　株式会社　成　文　堂
電話 03（3203）9201　Fax 03（3203）9206
http://www.seibundoh.co.jp

製版・印刷・製本　シナノ印刷
©2015　K. Ishida　　　Printed in Japan
☆乱丁・落丁本はおとりかえいたします☆
ISBN978-4-7923-4253-1　C3033　　　　検印省略

定価（本体2000円＋税）